인류의 희망
그 는 왜 ?
변 했 을 까

인류의 희망 그는 왜? 변했을까

지은이_ 평균(平均) 한수산

초판 1쇄 인쇄_ 2021.01.01.
초판 1쇄 발행_ 2021.01.10.

발행처_ 삶과지식
발행인_ 김미화
편집_ 박시우(Siwoo Park)
디자인_ 다인디자인(E.S. Park)

등록번호_ 제2010-000048호
등록일자_ 2010-08-23

서울시 강서구 강서로45라길 55-22, 102호
전화_ 02-2667-7447
이메일_ dove0723@naver.com

ISBN 979-11-85324-54-8 03120

이 도서의 국립중앙도서관 출판예정도서목록(CIP)은 서지정보유통지원시스템
홈페이지(http://seoji.nl.go.kr)와 국가자료종합목록 구축시스템(http://kolis-
net.nl.go.kr)에서 이용하실 수 있습니다. (CIP제어번호 : CIP2020055134)

인류의 희망

그는 왜?
변했을까

평균(平均) 한수산 지음

유토피아를 무너뜨린
균형과 반작용의 슬프고 기쁜 이야기

삶과지식
Life and Knowledge Publishing

들어가는 말

•

'그는 왜 변했을까?'

희망을 품을 수 있게 해주었던 그가 우리에겐 있었다. 그는 나일수도, 그때 그 사람일수도, 역사 속 인물일수도, 선망했던 사회 시스템일수도 있다. 그는 변했고 사람들은 실망했다. 그가 변하지만 않았다면 어쩌면 지금 우린 무척 아름다운 세상에서 살고 있을지도 모른다.

도무지 알 수 없는, 때론 무척 안타까운 그의 변화를 이해할 필요가 있다. 그래야 세상에 펼쳐진 내 삶이 눈에 들어온다. 우상과 환상에서 벗어나 사실과 순리에 근거해 현실을 보게 된다.

예전 〈국민교육헌장〉이란 게 있었다. "우리는 민족중흥의 역사적 사명을 띠고 이 땅에 태어났다"로 시작해 "새 역사를 창조하자"란 말로 끝나는 선언 안에는 멋진 신세계를 만들겠다는 다짐이 있었다. 그리고 대한민국은 진짜 산업화와 민주화란 새 역사를 창조했다. 그러나 유토피아처럼 생각되던 멋진 신세계는 없었다. 사람들은 여전히 많은 문제와 고통 속에 존재한다.

이제 걸어왔던 길을 돌아보며 자연 풍경이 보여주는 세상의 원리에 대해 곰곰이 생각해봐야 한다. 유토피아를 향한 꿈이 자연 원리와 어떻게 충돌했는지 볼 필요가 있다. 그 안에서 순리에 근거한 삶의 지표를 만들 수 있다. 그 이야기가 책에 담겼다.

책의 첫 장은 순리에 관해 이야기한다. 책 전체에 대한 요약이기도 하다. 두 번째 장은 인류가 경험했던 다양한 유토피아에 대해 정리했다. 지난 2500년 참 많았던 '새로운 시대'가 왜 실패했는지 이해할 수 있다. 세 번째 장은 대립물의 균형에 관해 설명했다. 대립물의 균형이 자연의 순리 혹은 근본원리라는 게 책의 핵심이다. 이어진 장에서는 대립물의 균형이 펼치는 다양한 삶의 그림들을 풍경화처럼 담았다. 아울러 마지막 장에는 대한민국이 근대 이후 꿈꿨던 유토피아들에 관한 이야기를 정리해 보았다.

코로나 바이러스가 인간의 삶을 뿌리부터 흔들고 있는 시점에서 이제 유토피아를 향해 돌진하기보다 태초부터 주어진 자유로움을 더 누릴 것을 권하고 싶다. 물론 이상향을 향해 달리는 이들을 말리거나 크게 비판하고 싶은 생각은 없다. 다만 깃발에 휘둘려 고통받는 일은 줄었으면 한다. 거기서 삶의 균형을 찾을 수 있지 않을까. 책이 나오는 데에는 참 많은 분의 도움이 있었다. 감사드린다는 말밖에는 할 수가 없다. 모든 인연이 가슴 아프고 또 감사하다.

바다가 없는 섬에서 **한수산** 지음

목차

제1부
동전의 앞면

제1장 순리의 철학, 설계도 대신 풍경화

제2장 사라진 유토피아들

제2부
동전의 뒷면

제3장 대립물의 균형

특별부록
한국의 근대화와 유토피아

제1부

동전의 앞면

제1장

순리의 철학,
설계도 대신 풍경화

순리, 유토피아 철학과의 단절

순리는 문명 전부터 인류가 세상 속에서 느낀 생각들이다. 평범한 일상의 철학이지만 그 안에 자연 원리가 있고, 그걸 이해하는 게 순리의 철학이다. 먼저 해야 할 일은 지상낙원의 달콤함으로 인류를 유혹했으나 결과적으로 곤경에 빠트렸던 유토피아 철학들에 대한 냉정한 평가다.

지난 2500년간 인류는 지상낙원을 꿈꾸어 왔고 여러 설계도가 제시되었다. 깃발의 색깔은 제각각이었으며, 각각의 깃발로 싸웠다. 싸움에는 승자가 있었다. 승자의 말은 지상낙원으로 가는 길로 승인받는 경우가 많았고 사람들은 따랐다. 그런데 단 한 번도 유토피아에 도달하지 못했다. 인류의 머릿속에서 그릴 수 있는 많은 색깔의 유토피아 로드맵을 실천했으나 실패했다.

그 과정을 복기하며 냉정한 시선으로 깃발들을 평가할 필요가 있다. 머릿속 상상력이 만든 유토피아는 없었기 때문이다. 물론 이상향에 대한 꿈을 배척할 수 없고 그럴 필요도 없다. 그것 역시도 삶의 일부다. 대신 냉정하게 봐야 한다. 색안경을 벗어야 민낯의 자연을 볼 수 있다.

종교적 유토피아를 제외할 경우, 근대 이후 영향력이 컸던 사회 이념적 유토피아는 사회주의와 자본주의다. 본인들이 설계한 길을 갈 때 유토피아에 도착할 수 있다고 주장해왔다. 언제나 푸른 '그'를 만날 수 있다고 말했다.

둘은 상대를 무너뜨림으로써 자신의 존재 이유를 입증해야 했다. 절대 정답의 세계에서 두 개의 정답이 공존할 수 없기 때문이다. 하나가 정답이면 다른 건 오답이고 정답의 길을 방해하는 훼방꾼에 불과하다. 상대 진영을 적대시할 수밖에 없다. 자본주의와 사회주의가 그런 상태였다.

하지만 현대 세계에서는 둘 다 어정쩡한 위치에 있다. 그들이 꿈꾸는 체제를 완성했다고 선언한 순간 심각한 문제와 함께 고꾸라졌던 경험 때문이다. 목이 칼로 베이는 아픔이었다.

순수한 사회주의는 비효율과 가난 등으로 문을 닫은 뒤 자본주의적 시장경제를 도입했다. 시장에 모든 걸 맡겨야 하는 순수한 자본주의 역시 더는 세상에 없다. 시장이 실패할 수 있음을 인정하고 있으며 시장 실패를 방어하기 위한 국가 역할을 받아들인다. 독점 규제, 불황 방지, 빈부 격차 해소를 국가가 담당해야 할 역할로 인정하고 있다.

이 같은 모순에도 불구하고 여전히 유토피아는 이념적으로 머리를 지배하는 경우가 많다. 생각과 현실이 불균형에 빠진다. 균형감을 맞추기 위해 각자 머릿속 상상대로 현실을 뜯어고치려고 애쓴다. 그러다 다시 싸움을 시작한다. 뻔히 실패할 수밖에 없는 길이다.

이제는 반대로 가 볼 필요가 있다. 각자의 설계도대로 현실을 뜯어고쳐 건축물을 완성하려던 습관에서 벗어나 있는 그대로 현실을 보고 이를 바탕으로 풍경의 영상을 찍어보아야 한다. 이 같은 풍경화가 순리라고 할 수 있다.

설계도가 아닌 풍경화

철제 농기구가 만들어지면서 생산력이 급속히 발달해 풍요가 시작될 즈음이었다. 강력한 무기가 개발되면서 맹수의 위협도 사라졌다. 그러자 인간은 더 높은 곳을 보며 새로운 상상을 하기 시작했다. 변하지 않는 영원한 젊음과 행복을 꿈꾸기 시작했다. '영원히 살 수 있는 길이 있지 않을까'란 몽상을 한다. 철제 무기는 잔인한 전쟁을 촉발하기도 했는데, 사람들은 전쟁은 사라지고 풍요만 존재하는 세상을 꿈꿨다.

그리고 그것이 가능하다고 이야기하는 철학자들이 기원전 500년경 등장했고 사람들은 호기심을 보이기 시작했다. 그들의 말대로 어쩌면 지상낙원으로 가는 길이 있을 수 있다고 생각했다. 당장 눈에 보이지는 않지만, 신이 숨겨놓은 수수께끼를 풀면 인간은 신과 같이 불멸의 존재가 될 가능성이 있다고 믿기 시작했다.

그리고 그 길에 동참했다. 그 과정에서 승인된 철학자가 서양의 플라톤Plato 이었고, 동양의 공자孔子 였다. 반면 이를 망상이라고 주장한 사람들이 있었는데 동양의 노자老子 장자莊子, 그리스의 헤라클레이토스Heraclitus of Ephesus 가 대표적이다. 이들은 영원불멸의 길은 없으며 존재하는 것은 오로지 변화일 뿐이라고 주장했다. 아울러 변화에 순응하는 삶이 순리라고 말한다. 그들의 반박에도 불구하고 사람들은 플라톤과 공자를 택했다.

잘못된 판단이 아니었다. 내가 2500년 전에 태어났더라도 같은 선택을 했을 가능성이 높다. 결혼은 안 해보고 후회하는 것보다 해보고 후회하는 게 낫다고 흔히 이야기한다. 같은 맥락이다. 가서 유토피아가 있으면 좋고, 없으면 그때 포기하면 된다. 아울러 정말 유토피아에 도달해 영원히 죽지 않고 행복하게 살 수 있다면 얼마나 좋은가. 그 가능성이 1%만 있더라도 일단 가보는 쪽을 택하는 게 합리적일 수 있다.

그래서 유토피아를 향한 대장정을 시작했으나, 결국 실패했다. 플라톤, 공자, 헤겔, 마르크스 등 위대한 인간의 머리로 창조된 수많은 유토피아 설계도로 건물을 짓고 실천했지만 모든 방식에 허점이 있었고 깊은 상처를 만들었다.

절대 진리의 마지막 탐험가였던 과학조차 불변의 세계는 없다고 선언했다. 양자역학은 우리가 알 수 있는 것은 오직 확률적 지식일 뿐이라고 이야기한다. 불확정성의 원리는 과학적 관측의 한계가 분명히 존재함을 인정했다. 설사 그것이 신의 영역이라고 하더라도 인간은 신이 왜 그렇게 만들었는지조차 알 수 없다.

이후 정답이 없다는 생각을 하는 이들이 증가했다. 정답을 믿고 그걸 실천하는 과정에서 발생한 수없이 많은 비이성적인 행위들에 대해 지쳐가기 시작했다. 특히 근대 이후 절대왕정, 파시즘, 사회주의 등 유토피아 완성을 목표로 한 굳건한 시스템이 보다 자유로운 시스템 곧, 자유민주주의에 무너지는 걸 목격했다. 유토피아의 욕망은 도달할 수 없는 몽상이었음이 사실로 조금씩 그 색깔을 드러내고 있다.

순리의 재소환은 파랑새를 찾지 못한 채 집으로 돌아왔음에도 불구하고 행복을 느낀 치르치르를 닮았다. 우리는 이제 다시 마음 편한 집으로 돌아가야 한다. 유토피아가 아닌 현실 속에서 더 많은 걸 누릴 수 있다. 2500년 전 유토피아의 선택이 합리적이었다면 실험이 끝난 뒤 원래의 삶으로 돌아가는 게 합당하다.

정답은 다양하며 존재하는 것은 변화일 뿐

일찍 일어난 참새는 매일 신선한 벌레를 남보다 먼저 먹는다. 일찍 일어나는 새가 좋은 먹이를 먹는다는 정답이 생겨났고, 현자들이 "일찍 일어나면 누구나 신선한 벌레를 먹을 수 있다"고 결론을 내린다. 그러자 많은 참새가 따랐다. 그런데 조기 출근 참새들이 늘자 천적인 매도 일찍 일어나기 시작하며 아침형 참새는 가장 먼저 천적에게 잡아먹히는 신세가 됐다. "일찍 일어난 새가 먼저 잡아먹힌다"는 정반대 답이 대립물로 형성된다. 좋은 뜻에서 만들어진 현자의 정답이 많은 참새를 죽음으로 몰아가며 존경받던 현자는 악인이 된다.

순리의 풍경화와 유토피아 설계도 사이에 있는 가장 큰 차이는 정답이다. 순리는 절대적인 정답(진리)은 없고, 존재하는 것은 변화일뿐이라고 말한다. 그런데도 지난 2500년 인류는 이를 부정한 가운데 그 변화 안에 완전한 진리가 있다고 생각해 왔고, 그 답을 찾기 위해 노력했다. 그러나 손에 쥔 성적표는 없다는 사실이다.

진리는 너의 빛이란 구절이 유토피아 시대를 상징하는 말이었다. 그 빛이 낙원으로 향하는 등대라고 생각됐다. 신은 세상 어딘가에 빛을 숨겨놨고, 위대한 영도자가 이를 찾아내 길을 밝혀줄 수 있다고 사람들은 믿었다. 누군가 찾아내기만 하면 유토피아에 도달할 수 있다고 확신했다.

그러나 진리는 늘 경합했다. 이유는 간단하다. 없기 때문이다. 각자 머릿속에서 만든 생각과 주장 혹은 몽상을 진리라고 말했기에 진리일 수 없었다. 앞서 아침형 참새를 예로 들었듯이 정답은 시간에 따라 달라지기도 한다.

없는 가운데 벌어지는 경합은 피 튀기는 싸움을 유발했다. 예컨대 예수님이 하나님의 아들이라는 주장은 진리인지 아닌지 증명되지 않는다. 결국, 중세에 큰 싸움으로 번진다. 이렇듯 존재하지 않는 진리의 절대화는 인류를 유토피아가 아닌 전쟁과 상호 투쟁으로 이끌었다.

물론 나의 생각에 근거해 상대를 비판하거나 문제를 제기할 수는 있다. 자신이 원하는 바대로 믿을 수도 있다. 그것은 개인의 자유이자 권리이다. 다만 나와 다른 믿음에 대해 잘못됐다며 악으로 규정할 수는 없다. 내 생각만이 완벽한 정답이 아닌 탓이다. 상대방의 생각역시 완벽한 오답도 아니다. 따라서 나는 정답이고 너는 틀렸다와 같은 주장은 쉽게 성립되지 않는다.

'(완전한) 정답은 없다'라는 말을 '(완전한) 정답처럼 주장하는 것' 아니냐고 말하는 이들이 있다. 오래된 철학적 반론이다. 그런데 누구도 완전한 정답을 주장하지 않는다면 '완전한 정답은 없다'라는 말 자체도 사라진다. 대립물의 한쪽이 소멸하면 다른 쪽도 존재 가치가 없어진다.

그래서 정답은 없다는 말 뒤에 따라붙는 문장이 있다. '모든 것은 변한다'이다. 절대적 정답이 사라진 뒤 남는 게 있다면 세상 모든 건 변한다는 말이다. 정답까지도 변한다. 정답이 여러 개이면서 또 시간에 따라 변한다. 영원불멸의 정답은 없고 오로지 존재하는 것은 변화일 뿐이다.

이 같은 포기는 지극히 실용적 이득이 있다. 진리임을 주장하며 싸우는 전쟁에서 탈피할 수 있다. 정답이 없다면 각자의 주장은 생각이고 믿음이 된다. 상대 주장은 틀린 게 아닌 다른 믿음과 생각일 뿐이다. 나의 믿음도 상대의 믿음도 정답이 아니다. 각자의 믿음에 대해 존중할 수 있는 마음도 생긴다.

쌀밥만이 밥이라면서 매끼 꼭 먹어야 한다고 누구도 우기지 않는다. 라면도 햄버거도 밥으로 인정해 다양성을 즐긴다. 무엇이 더 좋다고 논쟁할 수는 있지만, 상대의 선택도 존중한다. 진리도 쌀밥이나 빵과 크게 다르지 않다. 각자의 선호가 있겠지만 상대 생각도 받아들일 필요가 있다. 이를 바탕으로 다양한 음식의 풍미를 즐기듯 풍부한 생각을 인류는 향유할 수 있다.

그리스 자연철학자 헤라클레이토스Heraclitus of Ephesus는 세상 변화가 대립물의 통일로 이뤄진다고 말했다. 정반합正反合의 변증론辨證論이다. 동양 철학의 음양 조화 역시 같은 맥락으로 볼 수 있다. 책이 말하는 대립물의 균형도 크게 다르지 않다. 모두가 자연 안에 존재하는 순리를 표현했다. 대립물은 때론 투쟁하고 때론 조화를 이루며 균형 상태의 변화를 반복한다. 배고픔의 대립물은 배부름이다. 배고픔과 배부름을 반복하면서 신체는 매 순간 변화를 겪고 더불어 삶의 균형을 유지한다.

대립물의 균형은 정답을 바탕으로 유토피아를 꿈꾸는 세상과는 다른 길이다. 정답의 세상에서는 대립물 한쪽이 이김으로써 원하는 바가 완성된다. 타 종교가 사라지고 내 종교만 남아야 유토피아다. 남성이 여성을 지배해야 사회가 잘 돌아간다. 마르크스는 자본가가 사라지고 노동자가 지배하는 세상이 되어야 유토피아에 도달할 수 있다고 말했다. 반대로 시장만능주의자는 시장market님과 그를 숭배하는 자본가에게 모든 걸 맡겨야 한다고 말한다.

그러나 대립물의 균형인 세상에서 이는 유토피아가 아닌 한쪽으로 치우친 극단적 균형의 상태다. 오랜 시간 유지될 수 없고 결국, 반대 방향으로 움직이게 되어 있다. 앞서 잠시 언급했듯이 경제적 자유주의는 시장이 정부를 제압한 가운데 모든 걸 결정하는 시장만능을 꿈꿨다. 그러나 결국 자유주의 국가들은 정부 역할을 받아들였다. 중국 등 사회주의 국가들은 반대로 시장 메커니즘에 따른 경제 운영을 수용하고 있다. 결국, 시장과 정부, 둘의 균형을 바탕으로 움직이는 게 현실이다. 각자의 이데올로기로 현실을 재단하는 대신 있는 그대로 현실을 수긍할 필요가 있다.

　물론 평균적 균형점에 머물러야 한다는 주장은 아니다. 또 가능하지도 않다. 자연 역시 때론 극단을 달린다. 밤이 있으면 낮이 있고, 슬픈 날 뒤엔 기쁜 날이 있다. 다만 결국 '평균적' 균형에서 수렴한다. 가격이 오를 때가 있고 내릴 때가 있지만 궁극적으로 균형가격으로 수렴한다. 한쪽으로 치우치다가도 평균 혹은 원점으로 돌아간다. 그 같은 풍경을 이해하고 받아들일 필요가 있다. 그걸 인간 힘으로 극복하겠다는 생각에서 벗어날 필요가 있다.

　대립물의 변화는 결국 자연이 균형을 잡아가는 과정으로 볼 수 있다. 너무 뜨거워지면 그걸 식히기 위해 차가움이 발생한다. 너무 행복하면 균형을 위해 불행이 발생한다. 인간은 끊임없이 행복하기를 소망하지만, 자연은 대립물을 제공한다. 고기만 편식할 수 없듯이 행복만을 편취할 수가 없다. 그래서 호사다마好事多魔란 말이 생겼다. 안타깝지만 그게 순리다. 그 안타까움은 분명 유토피아에 대한 갈망의 원천이기도 했다.

　완벽한 정답이 없다는 점도 세상 순리가 대립물의 균형임을 증명하는 근거가 된다. 모든 정답에는 허점이 있고 그 허점을 보완하는 게 정반대의 정답이다. '일찍 일어나는 새가 먹이를 먹는다'가 완벽한 정답이 아니기에 '일찍 일어나는 새가 먼저 잡아먹힌다'라는 대립물이 또 다른 정답으로 등장할 수 있다. 두 개의 대립된 정답이 때론 투쟁하고 보완하며 균형을 이룬다.

　극단성의 대립은 앞으로도 끊임없이 존재할 가능성이 크다. 예컨대 민주 국가에서 극우 혹은 극좌 정치 세력이 헤게모니를 장악하는 순간이 올 수 있다. 그러면서 이에 반대하는 이들과 유혈 충돌이 발생할 수 있다. 그런 상황에서도 우리가 해야 할 일은 다양한 대립이 균형점에서 너무 벗어나 시스템이 무너지는 일이 없도록 최선을 다하는 일일 것이다. 그래야 인간의 생존이 보장되기 때문이다.

　돌이켜보면 우리는 균형감이 있을 때 더 행복했다. 자원 역시 효율적으로 사용됐다. 신체는 건강했고, 정치는 안정감을 더했다. 균형의 강조는 이 같은 현실을 직시한다.

반작용 원리와 보이지 않는 손

동양 철학에 등장하는 음양의 조화나 서양 철학의 변증법적 정반합 모두 대립물의 통일이 변화의 요체라고 말한다.

그렇다면 대립물의 통일 혹은 균형은 어떤 방식으로 진행될까. 내가 생각해낸 로고스logos는 모든 행위에는 이를 원점으로 돌리는 반작용 에너지가 동시에 생성되고 시간에 저장된 뒤 천천히 내려오면서 변화를 만들어낸다는 것이다. 여기서 반작용 에너지는 뉴턴이 이야기한 반작용 원리와 같다. 작용과 크기는 같고 방향이 반대이다. 작용과 반작용은 더하기 빼기 제로가 된다.

그 단순한 원리를 바탕으로 세상은 끊임없이 변화한다. 동시에 누구의 개입 없이도 늘 제자리 즉, 균형점을 찾아가도록 설계되어 있다. 간단한 원리로 복잡함을 만들어낸다. 디지털 세상은 무척 유능하고 복잡하고 놀랍지만 결국 0과 1 두 개의 숫자로 만들어진 세계다. 넓은 우주도 마찬가지로 단순한 로고스가 있고 그게 바로 작용과 반작용이 아닐까.

예컨대 동전을 던지면 앞면과 뒷면이 나올 확률이 각각 50%다.

전 세계 어디서나 어느 시대나 결과는 같다. 가능한 이유에 대해서는 동전을 던져보면 알 수 있다는 식으로 설명했다. 그런데, 어떻게 생각 없는 동전이 귀신같이 자신의 몸을 앞뒤 절반씩 나오게 할 수 있을까. 당연하다고 받아들이면 그만이겠으나 너무 당연하기에 놓치고 있는 포인트가 있지 않을까. 여기에 나는 한 가지 가정을 한다.

동전을 던져 앞면이 나오는 순간 뒷면이 나올 에너지가 동시에 생겨 시간에 저장된다. 크기는 같고 방향이 반대인 에너지가 만들어진다. 앞면이 나오는 순간 뒷면이 나올 가능성이 함께 만들어진다. 눈에 보이는 곳은 앞면이지만 보이지 않는 곳에는 원점으로 돌릴 가능성이 만들어진다. 그 힘이 현실이 되면서 뒷면이 나온다. 동전 던지기 앞뒤면 합은 0이 된다.

뉴턴의 작용 반작용의 법칙과 크게 다르지 않다. 뉴턴은 손으로 책상을 내리치는 순간 책상 역시 같은 크기의 힘으로 손을 때린다고 이야기한다. 작용이 생기는 순간 크기는 같고 방향이 반대인 반작용이 만들어진다. 누가 계산해서 정확히 반대 방향으로 힘을 만드는 게 아니다. 자연 안에 그 자체로 존재하는 방식이다. 결국, 손과 책상은 같은 크기의 힘을 교환하게 된다.

인간의 이타심을 극대화하면 지상낙원이 될 수 있다고 간단히 생각할 수 있다. 묘하게도 이 같은 세상은 만들어지지 않는다. 이기적인 인간이 늘 태어나서가 아니다. 이타적 행위가 사람들의 이기심을 강화하기 때문이다. 이타적 행위를 하는 순간 이를 원점으로 돌릴 에너지가 형성되고 그것이 이기적 행동으로 나타난다. 결국, 더하기 빼기 '0'을 만든다. "호의가 계속되면 권리인 줄 착각한다"라는 영화 대사가 이를 대변한다.

정답도 없고, 유토피아에도 도달하지 못하는 이유는 이런 반작용이 있기 때문이다. 우리의 모든 행위는 늘 반작용 때문에 원점으로 돌아가게 된다. 그런 점에서 반작용은 시시포스가 굴리는 돌을 원래 위치로 떨어지게 하는 힘이다. 물리학적으로도 돌을 위로 올리는 크기만큼 원래 위치로 떨어뜨릴 위치에너지가 만들어진다. 어쩔 수 없이 우리가 살아가야 할 순리의 요체이자 대립물의 균형을 만드는 핵심 로고스다. 유토피아를 꿈꾸는 관점에서는 원망스러울 수 있다. 그러나 신은 인간을 위해 우주를 만들지 않았다.

지치고 힘들더라도 새 시대의 창조를 위해 시시포스Sisyphus처럼 끝까지 돌을 굴리겠다는 이들이 있다. 또 그래야 한다고, 그게 새 시대를 창조해야 하는 인류의 역사적 소명이라고 힘주어 말하는 이들도 있다. 그러나 더는 격려할 수가 없다. 발달한 문명 덕분에 시시포스는 이제 기중기로 엄청나게 큰 돌을 굴리게 됐고, 따라서 굴러 떨어지는 순간 너무 많은 사람이 깔려 죽는다.

반작용은 애덤 스미스Adam Smith가 말했던 '보이지 않는 손'의 실체일 수도 있다. 보이지 않는 손은 늘 정반대의 에너지를 만들어 모든 걸 원점으로 돌리기 때문이다. 가격이 오르면 동시에 그걸 원점으로 돌릴 반작용 에너지가 만들어진다. 그 에너지는 더 많은 생산자가 시장에 뛰어들도록 만드는 힘이 된다. 결국, 가격은 원래 자리로 돌아간다.

경기가 호황을 지속하면 인간은 언제나 그 호황이 끝없이 지속하기를 바란다. 그러나 호황이 지속되는 동안 반작용 에너지가 쌓이고 그 에너지가 견디기 힘들 정도로 무거워지는 순간 경제는 침체 국면에 접어들게 된다. 호황이 오랫동안 지속될수록 불황의 터널은 더 깊다.

이 같은 순리의 로고스는 지극히 많은 공부를 해야 깨달을 수 있는 어려운 무엇이 아니다. 삶의 풍경에서 늘 보이는 일상이다. 그래서 우리는 착한 일을 하면 복을 받는다고 말하고, 뿌린 만큼 거둔다고 이야기한다. 준만큼 받는다. 더하기 빼기 제로이다. 반작용 에너지가 있기 때문이다. 그걸 넘어 서는 방법을 찾았던 게 2500년 유토피아의 역사였다. 그 역사를 살펴보는 일은 곧 세계사를 보거나 철학사와 경제사를 이해하는 길이기도 하다.

제2장
사라진 유토피아들

" 유토피아의 탄생 "

완전무결하고 영원불변인 세상, 누구나 가보고 싶어 하는 곳이다. 멋진 신세계에 도달할 수 있다는 생각, 복잡한 문제를 깔끔하게 해결해 줄 신의 한 수에 대한 갈망, 엉킨 실타래를 풀어줄 메시아에 대한 염원이 심연에서 솟아오르는 공명으로 가슴에 남아 있다.

책을 뒤적이면 근사한 방법이 여럿 제시되어 있다. 플라톤, 공자, 예수, 헤겔, 칸트, 주자, 케인스, 마르크스 등 석학들은 다양한 길의 기준점을 제시한 분들이다. 최근엔 특정 담론이 폭풍처럼 인간 사회를 지배하지는 못해도 공기처럼 도시 곳곳에 퍼져 있다.

사실 우리는 무척 오랜 시간 이데아, 유토피아, 지상낙원, 무릉도원, 공산사회, 복지국가 등 다양한 이름으로 불렸던 그곳에 도달하는 길을 찾아 헤맸다. "여기는 아닌가 봐"라며 우회를 했던 적도 있고, 사기꾼에 속은 적도 있고, 구경조차 못 해 몽상으로 끝난 적도 있다. 그 모든 도전이 실패로 끝나면서 갈 수도 없고, 존재하지도 않는 곳이라는 생각이 강해지기 시작했다.

이번 장은 인류가 걸었던 그 여정을 살펴본다. 선험적으로 없다고 선언하는 단계를 넘어 없을 수밖에 없는 이유를 그 안에서 찾을 수 있다. 모든 시도가 실패했다면 다시 생각할 필요가 있다.

물론 이데아란 목표가 희망 고문일지라도 삶에 도움이 된다면 굳이 뿌리를 흔들 필요는 없을 것이다. 혹여 수천 년 뒤 도달할 수 있다면 고난의 행군을 멈추라고 할 수는 없다. 바다 건너편 이상형으로서 사용가치가 있다면, 사문화됐을지라도 먼지 쌓인 채 보관하면 된다.

그러나 그것이 족쇄이고, 삶을 괴롭히는 희망 고문이란 괴물이 되었다면 이야기는 달라진다. 서로 갈등하고 싸우는 원인이 되고 있다면 올바른 것인지 되돌아봐야 한다. 자연의 순리가 인간의 유토피아를 허락하지 않는다면, 크리스마스에 등장하는 산타처럼 그저 아름다운 꿈으로 간직하는 게 좋을 수 있다.

토마스 모어Thomas More가 처음 사용한 유토피아Utopia는 그리스어 '없는(ou-)'과 '장소(toppos)'의 조합이었다. 존재하지 않는 세상이지만, '없는(ou-)'은 '좋은(eu-)'이란 그리스 접두사와 비슷하게 발음됨으로써 좋지만 없는 곳, 그래서 더 가고 싶은 곳이란 뉘앙스를 풍기게끔 창작됐다. 가능성 800만분의 1인 로또처럼 낮은 확률이지만 언젠가 현실이 되리란 믿음이 계몽 정신의 발현 이후 뜨거워진 인간 가슴에 타올랐다.

유토피아는 강철을 제련하고 철기를 쏟아낸 용광로에서 탄생했다고 할 수 있다. 소수 귀족만 사용하던 청동기와 달리 철기는 광범위한 사람들이 다양하게 사용할 수 있었다.

누구나 쉽게 사용하면서 철제 농기구도 만들어졌다. 청동기까지만 해도 농기구는 석기나 나무가 고작이었다. 그런데 철재로 만든 농기구는 이보다 몇십 배 더 강했다. 땅을 더 깊게 갈 수 있게 해주었다. 황무지 개간도 쉬워지고, 소와 같은 가축 이용도 편리해졌다. 근력에만 의존하던 농경이 비약적으로 발전했고, 사실상 기계화 이전 농업사회의 기본 패턴이 이때 만들어지면서 석기 사용을 바탕으로 정착 농업에 성공했던 1차에 이어 2차 농업 혁명이 일어난다.

철기의 보편화로 사람들은 잠시 지상낙원을 즐겼는지도 모른다. 그러나 호사好事는 언제나 다마多魔와 함께 오는 게 작용 반작용의 세계다. 맹수로부터의 자유와 풍요를 제공한 철기가 살인 무기로 활용되기 시작했다. 전쟁은 이제 주먹다짐이 아닌 뾰족한 쇠창으로 찔러 죽이는 일이 됐다. 기술 발달은 더 강력한 무기를 등장시켰고, 기원전 1450년쯤 철제 무기로 무장한 히타이트Hittite 족은 페르시아 최초의 통일 제국을 건설한다.

이후 첨단 철제 문명은 이집트, 메소포타미아 그리고 인더스강 주변으로 퍼져 철기로 무장한 근육질의 남성들이 지역 왕으로 활보한다. 전쟁이 일상화된다. 힘센 남자들은 어떻게 더 잘 싸울 수 있을지 골몰하기 시작했다.

우두머리는 정치적 담대함이 있었고, 그들을 보좌하는 참모는 여우와 같은 지략으로 이기는 법을 연구했다. 농업에 종사하는 계급은 노동력을 재생산할 만큼만 보상받고 나머지 생산물은 세금이란 이름으로 착취당했다. 증가한 농업 생산력이 큰 꿈을 꾸며 살아가는 이들을 배불리 먹일 만큼 발전했기에 가능했다. 중국의 춘추전국 역시 이 같은 상황에서 등장한 시대라고 할 수 있다.

시간이 흐를수록 짐승 같은 전쟁으로 죽고 죽이는 난타전에 절망하는 이들이 늘기 시작했다. 평화가 가능한 이상적인 나라에 대한 열망이 커졌다. 이에 대해 고민하는 지식인들이 등장했다. 철기가 만든 풍요를 유지하면서 보다 안정적이고 아름답게 살아가는 세상에 대한 꿈이 피어올랐다.

그 길을 향한 다양한 생각이 탄생하기 시작했다. 철기문명이 성숙해지기 시작한, 그러면서 혼란이 극심했던 기원전 800년에서 250년 사이의 일이다. 당시 만들어진 다양한 사상은 지금까지도 변함없이 우리에게 지침이 되고 있다.

중국에서는 공자, 노자, 묵자, 장자 등이 등장했고, 인도에서는 우파니샤드와 석가가 태어났다. 또한, 팔레스타인 땅에는 엘리야에서 이사야, 예레미야 등 구약에 나오는 선지자들이 출현했고,

그리스에서는 헤라클레이토스, 소크라테스, 플라톤 등이 등장했다. 그들의 사상은 지금까지도 여전히 살아 있다.

하지만 당시 왕들은 이상주의자들의 생각에 못마땅한 마음이 강했다. 왕의 절제를 덕목으로 제시하는 등 대체로 강한 자의 발톱을 꺾어 온순하게 만들려는 시도였기 때문이다. 특히 당시 사상가 중 이후 인류 역사에 가장 큰 영향을 미쳤던 플라톤과 공자는 이들에게 철저히 외면당한다. 플라톤의 경우 스승인 소크라테스가 사형을 당한 데 이어 본인은 노예로 팔리는 위기를 겪었으며, 공자는 평생 떠돌이 신세를 면치 못했다. 그들의 이상주의가 싸움 복판에 있던 권력자 입맛에 썩 내키지 않았기 때문이다.

그러던 왕들이 어느 순간부터 칼로 흥한 자가 칼로 망하는 걸 보면서 이상국가에 관한 관심을 기울인다. 전쟁을 잘하는 기술과 나라를 잘 다스리는 방법엔 차이가 있다는 생각을 하기 시작했다. 이상적인 국가를 만든다면 영원한 지배도 가능하리라 여겼다. 이후 이상주의자의 생각은 인류가 만들어가야 할 꿈이 됐다. 오늘도 그들이 꿈꾸었던 세상을 향해 달려가려고 안간힘을 쓰고 있는 경우가 많다.

플라톤, 유토피아의 설계자

칼 포퍼Karl Raimund Popper는 〈열린사회와 적들THE OPEN SOCIETY AND ITS ENEMIES〉에서 플라톤 사상을 유토피아 공학이라고 칭한다. '서양 철학은 곧 플라톤 사상에 대한 주석'이라는 점에서 서양 철학은 유토피아 공학에서 시작해 유토피아 공학으로 끝난다고 할 수 있다. 플라톤이 제시한 유토피아에 어떻게 도달할 것인가에 관해 각자 생각을 내놓은 것이 서양 철학이다.

그렇다면 플라톤의 유토피아적 공학은 무엇일까. 그의 스승 소크라테스의 특징적인 면부터 잠시 살펴보자. 소크라테스는 육체와 영혼이 따로 존재하는 한편, 육체적 욕망으로 인해 영혼이 고통받고 있다고 생각했다. 쉽게 말해 영혼은 고차원적 사색을 하고 싶은데, 자꾸 몸이 밥 먹으러 가라, 화장실에 가라, 잠을 자라고 한다는 것이다. 육체를 영혼의 걸림돌로 생각한 셈이다.

그의 부인이 악처가 된 이유도 같은 맥락이다. 철학적 사색에 잠긴 소크라테스에게 투정을 부렸기 때문이다. 현실의 즐거움만을 추구하는 영혼 없는 존재로 평가되면서 악처가 된다. 가난하지 않았던 그가 거지꼴을 하고 다닌 이유도 겉모습에 신경 쓰는 행동이 영혼에 죄가 되는 일로 생각했던 탓이다.

사실 소크라테스의 사상과 삶은 여기까지 본다면 물질에 대한 욕망을 버리고 정신세계에 집중하는 현대 수도승과 큰 틀에서 비슷하다. 문제는 그 다음이었다. 그는 죽음만이 영혼의 자유를 얻는 길이라고 생각했고, 이는 죽음 이후 더 좋을 수 있다는 말로 이해됐다. 그러면서 의도와 관계없이 자살을 부추기는 논리로 발전했는데, 영혼이 자유로워지는 길은 죽음밖에 없었기 때문이다.

그러나 아테네 정부 입장에서 볼 때 소크라테스의 철학은 사회를 교란시키는 행위였기에, 앉아서 보고만 있을 수는 없었다. 현실은 고통이고 죽음만이 천국으로 갈 수 있는 길이라는 말에 감화되는 젊은이가 많아진다면 현대 정부도 뭔가 조치를 취할 가능성이 크다. 아테네 정부는 그를 감옥에 가둔 뒤 철학을 포기하거나 영혼의 자유를 얻으라고, 즉 죽으라고 명한다.

전향할 것이냐, 목숨을 바쳐 사상의 순수성을 유지할 것이냐라는 최후의 선택 앞에 소크라테스는 직면한다. 사실 아테네 정부는 영향력 있는 철학자를 제거하는 정치적 부담 탓에 소크라테스가 도망치기를 기대했을 것이다. 그리고 그의 뒷모습을 보면서 한마디를 하면 된다. "정작 소크라테스는 죽음을 회피했다." 그러나 소크라테스는 '악법도 법'이라는 역사에 남은 한마디를 하는 가운데 쿨하게 죽음을 택하고, 육체에서 영혼을 해방시킨다.

　윤회를 믿는 네팔의 수도승들이 물질문명의 유혹을 거부한 가운데 수행하는 까닭도 죽어서 돌아가게 될 세상에서의 해방이 더 중요하기 때문일 것이다. 소크라테스의 철학이 널리 받아들여졌으면, 그리스는 네팔과 비슷하게 됐거나 역사에서 사라졌을지도 모르겠다. 그러나 다수의 사람은 죽어서가 아닌 살아서 천국에 가고 싶어 한다. 소크라테스의 제자 플라톤은 이 같은 인간의 욕망을 이해했고 가능하다고 설명했다.

　스승과 달리 죽음에 초연하지 못했던 플라톤은 새로운 타협점을 찾는다. 그는 땅에서도 영원불멸의 아름다운 세상이 가능하다고 주장했다. 방법은 뛰어난 철학자가 불변의 진리가 모여 있는 영혼의 세계, 이데아에서 답을 보고 와 '하늘에서와 같이 땅에서도' 같은 세상을 만드는 방식이다. 쉽게 말해 이데아에 다녀온 자의 간증을 바탕으로 현실에서 이상국가를 만들 수 있다고 생각했다. 이데아를 현실화함으로써 죽지 않고도 세상의 자유를 얻을 수 있다고 그는 보았다.

　플라톤이 말한 철학자 혹은 철인은 현대 사회의 석학에 가깝다고 할 수 있는데, 지금도 마찬가지지만 이들은 진리의 영역에 접근할 수 있는 영혼 혹은 이성의 소유자로 평가받는다. 이들에 의해 세상이 지배되어야 사회 혼란을 극복하고 이상국가를 현실 속에서 만들 수 있다는 게 플라톤의 생각이었다.

따라서 그는 철학자 중심으로 통치계급(철인)을 형성하고, 그 뒤에 방위계급(군인)과 생산계급(서민)으로 사회를 구성해야 한다고 주장했다. 이는 곧 근육질의 몸과 무모한 담력을 가진 자들은 철제 무기를 들고 방위만 담당하라는 뜻이다.

당시 철제 무기란 무력을 바탕으로 세상을 지배하던 이들에게는 플라톤의 철학이 달가울 리가 없다. 플라톤이 이상국가를 실현하고자 시켈리아의 참주 디오니시스 1세를 방문해 설명하자, 분노한 디오니시스 1세는 그를 노예로 팔아버린다. 다행히 돈 많은 친구의 도움으로 플라톤은 시민권을 회복하고, 기원후 529년까지 명맥이 이어진 아카데미아란 최초의 대학을 만들어 후진 양성에 힘쓰는 한편, 〈향연〉, 〈파이돈〉, 〈국가〉와 같은 책을 쓴다. 그에겐 현실 정치에 대한 참여보다 철인의 양성이 더 중요했기 때문이다.

비록 본인은 당대에 정치적 성공을 거두지 못했으나 플라톤은 사람들에게 고통이 사라진 유토피아를 실현할 수 있다는 희망을 주었다. 지상에서도 이상국가를 만들 수 있으며, 그것을 만드는 설계도가 이데아에 있다고 간증해 주었다. 플라톤의 논리는 철기문명의 등장으로 더욱 풍요로워졌지만 동시에 고통도 증가한 사회에 던지는 신선한 충격이지 않았을까. 풍요는 유지하는 가운데 고통만 제거하는 법이 있다고 믿기 시작했다.

그가 전망한 이상국가의 완성은 현재까지도 멈추지 않고 시도
되고 있다. 지금도 석학들의 사회에 대한 분석과 화두에 많은 사
람이 귀를 기울이고 있기 때문이다. 플라톤이 말한 이데아와 정
확히 일치하지는 않을 수 있지만 어쨌든 석학들이 복잡한 현상
너머에 있는 본질을 볼 수 있고, 사람들에게 설명할 수 있고 또
해줘야 한다는 게 보편적인 믿음이다. 그리고 그걸 실천함으로써
멋진 세계에 도달할 수 있다고 생각한다.

또한, 민주 국가에선 철인의 역량을 갖춘 이들이 정치지도자를
맡아야 하고 군인은 국가 방위만을 담당해야 한다. 만일 군인이
권력을 장악하면 군사독재라는 이름으로 손가락질 받는다. 국민
은 평범한 시민으로 살아간다. 플라톤이 말한 철인 정치와 크게
다르지 않다. 민주주의란 시스템 내부에도 플라톤의 설계도가 어
느 정도 작동하고 있다.

그렇다면 우리가 사는 현대 사회가 영원불변의 이데아에 도달
한 상태일까. 물론 과거보다 더 나은 시스템으로 평가되지만, 유
토피아라고 말하기는 쉽지 않다. 부정적인 답이 많지 않을까.

따라서 여전히 석학들은 우리가 해야 할 일들을 이야기한다. 자
신들이 주장하는 시스템을 택하면 이상적 사회가 완성될 수 있다

고 말한다. 문제는 또 다른 철인이 등장해 그 주장을 조목조목 비판하고 다른 대안을 제시한다는 점이다. 다양한 철인들이 각기 다른 이야기를 한다. 누구도 완벽한 이데아를 이야기하지 못하는 탓이다. 민주주의는 이제 그 가운데 정답을 정하기 위해 아귀다툼을 하기보다 모든 이야기를 존중하며 필요에 따라 쇼핑하듯이 활용한다. 이데아가 점차 쇼윈도의 마네킹이 되고 있다. 독일 사회학자 막스 베버Max Weber는 이를 '이상형'이라고 표현했다.

더욱 직접적인 방식으로 플라톤의 시스템을 실현했던 국가 체제는 전체주의다. 사실 플라톤은 민주주의에 대해 긍정적이지 못했다. 대중은 이데아를 통찰할 능력이 없고 그저 우상만을 숭배하기 때문이다. 우민정치가 될 확률이 높다고 생각했다. 이 같은 생각에 바탕을 둔 플라톤의 철인 정치는 비록 출발과 의도는 선했으나 독재의 근거로 무척 자주 활용됐다.

독일 히틀러를 포함한 많은 유럽의 독재자들은 플라톤 철학을 바탕으로 자신을 이데아를 보고 온 무오류의 '철인'으로 받아들이게끔 했다. 따라서 그의 명령에 저항하거나 반대하는 행위는 진리를 거부하는 반역이며, 숭고한 이데아에 대한 모욕이 된다. 따라서 강력한 처벌을 받게 된다. 이를 바탕으로 독재자는 무소불위의 권력을 휘두른다.

공자, 바른길正道을 찾다

공자가 태산 기슭을 지날 때 한 여인이 세 개의 무덤 앞에서 흐느껴 울고 있었다. 이에 함께 가던 제자 자로子路가 물었다.

"무슨 걱정이 있어 이리도 슬피 우십니까?"
"몇 년 전 시아버님이 호랑이에 잡혀 돌아가시고, 남편마저 호랑이에게 목숨을 잃었습니다. 그러고 이번에는 아들마저 호랑이에게 당했습니다."
의아하게 생각한 자로가 다시 물었다.
"그런데 어찌 이곳을 떠나지 않으십니까?"
여인은 울음을 그치고 대답했다.
"그래도 가혹한 세금과 악랄한 탐관오리는 없습니다. 그래서 떠나지 않는 것입니다."

이 말을 전해 들은 공자는 제자들에게 "잘 알아 두어라. 가혹한 정치는 호랑이보다 무섭다는 것을."이라는 말을 남겼다. 춘추전국의 학정虐政이 석기시대 같은 혹독한 산골 생활을 만들어냈다. 철기문명의 풍요가 만든 역설적인 상황이라고 할 수 있다.

이 같은 상황에서 공자는 패권형 군주를 위한 봉사보다 아름다운 세상을 만드는 길에 대해 고민했고, 어질고 덕이 많은 임금을 솔루션으로 제시했다. 왕도정치와 성왕聖王 정치가 요체였다. 이데아의 현실화가 유토피아를 향한 서양의 길이였다면 동양에서는 훌륭한 군주의 등장을 중시했다. 서양에서는 철인의 진리가, 동양에서는 지도자의 품성이 핵심이었다.

동서양의 다른 출발은 사회주의 혁명 과정에서도 유럽과 동양 간에 차이를 만든다. 러시아 혁명을 성공시킨 레닌은 객관적이고 과학적인 진리를 중시했던 반면, 중국의 마오쩌둥(모택동毛澤東)은 품성을 강조했다. 레닌이 사상투쟁을 즐기며 여러 권의 책까지 냈다면, 마오쩌둥이나 북한 김일성은 어진 임금과 같은 풍모를 보이기 위해 애썼다.

공자는 요堯 임금과 순舜 임금을 모델로 삼았다. 그에 따르면 요순시대 백성들은 생활이 풍요롭고 여유가 있었고, 군주의 존재까지도 잊고 격양가擊壤歌를 부를 정도로 만족도가 높았다.

결국, 모든 게 사람의 문제이기에 공자에게는 특히 왕이 마음을 다스리고 가꾸는 게 중요했다. 절대 불변의 본성인 인仁이 마음에 있는데, 임금이 인仁을 실현하면 백성들과 신하들도 자연스레 인

仁을 실현한다고 생각했다. 이를 바탕으로 태평성대가 가능하다고 믿었다. 이후 맹자는 속세에 찌든 선한 본성을 깨끗하게 씻는 노력이 인을 실현하는 과정이라며 성선설性善說을 주장했다.

플라톤이 겪었던 현실과 마찬가지로 공자 역시 패권에 관심 있던 춘추 전국의 군주들로부터 외면당했다. 그들 눈에 공자는 이것저것 간섭하고 제약하는 시어머니 같은 존재였다. 반면 병법에 뛰어나거나 법과 제도를 엄격히 잘 만들고 정비하는 학자들을 왕들은 선호했다. 이 같은 인재를 적극적으로 등용한 진시황은 마침내 중국 대륙을 통일한다. 이후 본인을 어질지 못하다고 힐책하는 유학을 금지해버린 뒤 서적을 불태우는 분서갱유焚書坑儒를 단행한다.

그러나 정작 무너진 자는 공자가 아닌 진시황이었다. 진시황의 학정이 심해지면서 백성의 불만이 고조됐고, 그럴수록 공자가 말한 성군의 강림에 대한 갈망이 커졌다. 진나라가 30년을 버티지 못하고 멸망한 이후 다시 천하를 통일한 한나라 유방은 따라서 유교를 국교로 받아들이면서 스스로 성왕이 되기 위해 노력했다. 가렴주구苛斂誅求를 끝내고 요순과 같은 어진 임금이 지배할 수 있는 정신적 물질적 토대가 마련됐다. 사람들은 어진 임금이 나라를 다스리고 모든 사람이 어진 본성을 되찾는 유토피아가 멀지 않았다고 생각했다. 그렇다면 한나라 이후 중국은 태평성대가 되었을까.

아니다. 나름 인자했던 유방에 대해서도 성왕으로 꼽는 이들은 드물다. 나아가 유교를 국교로 했던 중국의 역대 왕조에서 성왕으로 꼽힐 만한 인물은 몇 명 되지 않는다. 오히려 공자가 비난했던 나쁜 군주의 모습을 드러내는 경우가 더 많았다. 공자의 이상주의는 생각만큼 성공적이지 못했다. 근대화 과정에서 성왕을 통해 태평성대를 꿈꾼 청나라와 조선은 흔적도 없이 사라졌다.

공자가 생각했던 것보다 성왕이 된다는 게 무척 힘들었기 때문이다. 성왕이 갖춰야 할 인仁은 말은 쉽지만, 구체적 실천에 나서면 복잡해진다. 현명하고 지혜로워야 하며 상황과 배경을 통찰하고, 사람의 마음을 이해한 가운데 모두가 만족할 만한 결정을 내려야 한다. 매 순간 현상 속에 감춰진 '물자체物自體'를 직관해 백성들을 감복하게 만들어야 한다. 아울러 권력을 휘두르고 싶은 욕망은 절제해야 한다. 머릿속으로 그릴 수는 있는 성군의 모습은 사실상 살아있는 신이고, 존재하기 불가능한 인간인 셈이다.

특히 자식에게 왕위를 세습하는 왕조에서는 교육을 통해 성군을 만들어야 했다. 이를 위해 세자에게 가장 훌륭한 학자를 붙여 가르쳤다. 조선의 경우 더 철저했는데 왕이 된 후에도 하루 세 번 훌륭한 사상가들과 각종 경연을 개최했다. 세자시절뿐만 아니라 왕이 된 이후에도 끊임없이 현장 교육과 재교육으로 성군을 만들려고 했다. 그러나 교육을 통한 제조製造에도 실패했다.

오히려 교육이 유능한 자식을 망치기도 했다. 이를 보여주는 대표적인 인물 가운데 하나가 개인적으론 사도세자라고 생각한다. 아버지 영조는 학문을 좋아했던 사도세자에게 큰 기대를 걸고 열심히 가르치려고 든다. 그러나 압박이 부담됐던 사도세자는 스트레스를 이기지 못한 가운데 엇나가기 시작했고, 결국 아버지의 사랑이 증오로 바뀌면서 죽음이란 최후를 맞게 된다.

그렇다면 우리는 성왕이 되지 못한 과거의 임금과 지도자들에게 분노하면서 제대로 된 어진 지도자가 등장하고 또 만들어지기를 여전히 기대하고 소망해야 할까. 아니다. 완벽한 지도자는 불가능하기 때문이다. 성왕은 오로지 막스 베버Max Weber가 말한 이념형으로만 공자님 말씀에서 존재한다. 부족한 대통령을 있는 그대로 받아들여야 한다. 80점 정도만 되어도 훌륭한 리더다.

말은 번듯한데 현실성이 떨어지는 이야기를 '공자님 말씀 같다'고 표현한다. "학생들이 아무리 못되게 굴어도 늘 인자한 미소로 대해야 합니다. 그게 교사의 도리입니다." 예컨대 이 같은 말이 공자님 같은 말씀이지 않을까. 말로는 가능하지만, 대개의 경우 완전한 실천은 불가능에 가깝다.

모든 인간은 장점과 단점, 강점과 결점이란 대립물이 통일된 상태로 존재하기 때문이다. 단점과 결점은 없애고 장점과 강점만 보유하는 건 상상 속에서만 가능하다. 좋은 일이 많아지면 그걸 원점으로 돌릴 반작용 에너지가 쌓이는 탓이다. 꼭 실수가 생긴다. 이게 현실의 풍경화다. 그런데도 공자는 결점과 단점을 극복함으로써 완벽한 사람이 될 수 있다고 생각했고, 모두가 그곳에 도달해야 유토피아가 된다고 주장했다.

물론 개인으로서 공자는 성공했을 수 있다. 그 특별함은 존경받아야 하겠지만 모든 사람에게 보편적으로 적용하기는 어렵다. 극단적인 상태를 끝까지 버텨야 하기 때문이다. 한 발을 들고 평생 넘어지지 않은 채 사는 것과 다를 바 없다. 오로지 공자를 포함해 소수만 할 수 있었던 일이었다. 그들의 집념은 존경받아야 하지만 대부분의 사람들에게 그곳은 결코 유토피아가 아니었다.

그러면서 좋은 의도에서 출발한 공자님 말씀은 사람들을 압박하거나 매도하는 용도로 악용된다. 작은 흠집도 물고 늘어질 수 있는 근거로 활용된다. 작은 잘못이 드러나는 순간 낙인이 가능하다. 그 낙인을 피하는 방법은 공자가 말한 완벽한 인간이 되는 게 아닌 결점을 끝까지 감추는 것이다. 위선과 가식이 증가할 수밖에 없다. 우리가 가진 문화적 유산의 단면이 여기에 있다.

예수의 메시지는 사실 간결하다. 서로 사랑하면 세상은 천국이될 수 있다는 것이다. 누구나 고개를 끄덕이는 말이다. 그 생각을전파하기 위해 애썼다. 범죄자나 폭력범, 장애인 등 가난하고 힘든 사람들을 멸시하기보다 사랑으로 감쌌다. 본인부터 모두를 사랑하기 시작하면 그 기운이 조금씩 퍼져 전 세계에 사랑이 가득할 것으로 생각했다.

사랑의 실천에 중요한 요소는 용서였다. 예수에게 하나님은 죄를 벌하는 분이 아닌 모든 걸 용서하는 분으로 생각됐고, 인간도서로 증오하고 보복하기보다 용서하고 사랑해야 한다고 말한다.

사랑이 넘치게 하려면 욕심을 버려야 한다는 점도 강조했다. 그는 "영이 가난한 자들은 복이 있나니, 천국이 그들의 것임이요(마태복음 5:3)"라고 하고 "진실로 내가 너희에게 말하노니, 부자가 천국에 들어가는 것은 어려운 일(마태복음 19:23)"이라고 역설했다. 마음을 비우고 욕심을 버린 가운데 이타적으로 살아가면세상은 곧 천국이 된다고 강조했다.

특히 그는 신께서 이미 풍요를 주었음에도, 과도한 욕심과 증오로 실현하지 못하고 있다고 말한다. 철기문명 이후 인간 고통은 먹을 게 없어서가 아닌, 이기적 욕망 때문이라고 본 셈이다. 예수는 부자가 천국에 갈 확률은 낙타가 바늘구멍을 통과하는 일만큼 낮다는 비유도 든다.

그러나 유대인들은 모세의 하나님과 다른 이야기를 한다는 이유로 예수가 사형을 받게끔 한다. 그 상황에서 예수는 분명 대중의 지지와 열두 제자의 도움으로 무력 혁명을 시도할 수 있었을 것이다. 실제 600년 뒤 마호메트가 택한 방식이다. 최소한 소극적 저항이라도 할 수 있지 않았을까. 그러나 그는 "너희는 '눈은 눈으로, 이는 이로.'라고 말한 것을 들었으나, 나는 너희에게 말하노니, 악에 저항하지 말라. 누구든지 네 오른뺨을 때리거든 다른 쪽도 돌려대라"(마태복음 5:38-39)라고 말한다.

십자가에 못 박혀 죽는 고통을 겪으면서도 누구도 원망하거나 미워하지 않으면서 마지막 순간까지 서로 사랑해야 함을 간곡히 호소한다. 그의 죽음은 사람들의 마음을 크게 움직였고, 세계적인 종교의 뿌리가 됐다.

춘추전국시대 동양에서 '서로 사랑'을 강조했던 사상가는 묵자墨子였다. 차이가 있다면 묵자는 예수처럼 공격해오는 자들에 대해 비폭력 무저항보다 적극적인 방어술을 통해 감히 선공先攻하지 못하도록 하는 이른바 비공非攻방식을 택했다. 이를 위해 지지층인 수공업자와 함께 뛰어난 방어기술을 확보했고, 송나라를 공격하려는 초나라 혜왕惠王에게 시연을 통해 뜻을 바꾸도록 하기도 했다. 뛰어난 방어기술을 만들어 보급하는 데 애썼지만, 끊임없이 이어지는 전쟁을 막지는 못했다. 떨어지는 엘리베이터를 손으로 잡으려는 무모한 노력이었다.

이후 인도의 간디를 포함해 많은 영적 지도자들은 사랑으로 세상을 감화시켜 유토피아를 만들려고 노력했다. 그리고 인류는 아낌없이 사랑을 베푼 이들에게 존경심을 표하고 본받아야 할 정신으로 추앙한다. 서로 사랑해야함을 많은 사람이 강조하고, 이에 모든 사람이 동의한다.

그렇다면 세상에 사랑이 넘쳐흘러야 마땅하지 않을까. 그러나 현실은 반대다. 무척 안타까운 일이다. 그 안타까움조차 모든 사람이 공유한다. 정답을 알고 있는데, 답안지를 채우지 못하는 무척 묘한 현실. 예수의 사랑도 지난 2000년간 검증해본 결과 귀납적으로 실패했다.

결과적으로 사랑의 확산이 불가능한 이유는 보이지 않는 손 때문이다. 사랑이란 이타심을 퍼뜨렸다고 생각하지만 보이지 않게 같은 크기의 이기심이 세상에 뿌려진다. 예컨대 헌신적인 부모의 행위가 무척 이기적인 자식을 만들어내기도 한다. 호의가 계속되면 권리가 된다는 영화 속 대사에 사람들이 수긍하는 이유 역시 같은 맥락이다. 모든 남성에게 무척 친절한 예쁜 여성은 행복 바이러스 대신 남성 간 피 튀기는 싸움을 유발할 수도 있다. 상상 속에서는 사랑이 가득한 세상을 그려볼 수 있지만, 현실에서는 모든 게 뒤엉킨다.

반대로 이기심은 단순한 탐욕으로 끝나지 않고 보이지 않는 손에 의해 이타적인 결과를 만들어낸다. 기업인은 이윤을 위해 열심히 뛰지만 보이지 않는 손에 의해 국부창출이라는 애국을 한다. 식당 주인은 부자가 되고 싶은 이기적 욕망을 위해 맛있는 음식을 만들지만, 손님은 그 이기심 덕분에 훌륭한 만찬을 즐길 수 있게 된다. 경제학자이기 이전에 윤리학자였던 애덤 스미스Adam Smith는 이 같은 분석을 통해 예수님의 말씀에 반기를 든다.

우리는 예수의 이타심이 아닌 애덤 스미스가 말한 보이지 않는 손의 윤리학에 더 가깝게 살아가고 있다. 이타심의 무한 확산도 불가능하지만 이기심도 긍정적인 역할을 한다. 인간 손으로 어떻게 할 수 없는 자연의 순리이다. 벗어날 수 있으리라는 희망을 품고 예수님은 목숨까지 희생하셨으나 신은 다른 방식으로 세상이 돌아가도록 했다.

물론 이타적 행위의 긍정성을 부정하지는 않는다. 다만 그 행위의 결과가 내가 원하는 방식이나 예수님이 꿈꿨던 방식으로 흘러가지 않음을 이해할 필요가 있다. 더불어 이기심과 이타심의 역동적 움직임도 냉정하게 받아들일 필요도 있다. 그래야 현실이 이해가 된다. 예컨대 자식 먹인다는 마음으로 정성껏 음식을 만드는 식당 주인은 본인이 부자가 되는 이기적 결과를 만들어낸다. 반대로 불량식품을 만드는 이기적 행위는 오히려 본인 발등을 찍거나 남 좋은 일만 시킬 수 있다. 이 같은 역동성에 대한 이해가 필요하다.

" 중세 교황의 실패는 곧 플라톤의 실패 "

플라톤이 말한 철인을 재미있게 표현하자면 이데아에서 유학하고 온 사람이다. 다만 유학 간 장소가 공간적으로 떨어진 타국이 아닌 영혼의 세계다. 기독교의 성경에 등장하는 예언자들도 같은 맥락에서 철인이다. 영혼의 세계에 담긴 절대 진리를 말씀으로 전해주기 때문이다.

예컨대 모세는 산에 올라가 그곳에서 하나님의 음성으로 십계명이란 규칙을 전달받는다. 그 순간 모세는 이데아를 보고 들었으며 십계명이란 영원불변의 도덕 법칙을 갖고 내려온 사람이라고 이해할 수 있다. 따라서 이데아에서 내려온 이 같은 말씀은 절대 원리로써 무수히 변하는 현실 안에서 일관되게 적용되는 불변의 법칙이 된다.

여기서 유럽의 플라톤 철학과 유대인의 헤브라이즘Hebraism이 공집합을 갖게 된다. 즉 영적인 이데아 혹은 하늘의 이야기를 땅에서 실현하는 논리적 공통성이 존재한다. 나아가 유럽철학의 부족분을 채운다. 플라톤은 이데아가 있다고만 했지 어떤 구성인지 정확히 말하지 않았다. 예컨대 미국이 있다는 사실과 미국을 탐험할 수 있는 사람이 나라를 다스려야 한다고는 말했지만, 미국이 어떻게 생겼는지는 숙제로 남겼다.

그런데 성경에서 이데아의 형상을 발견한 것이다. 이데아에서 온 선지자들이 이미 그 모습을 설명해 놓았다고 생각했다. 특히 예수는 하나님의 아들이라는 맥락에서 그 자체로 영원불멸의 이데아였다.

예수가 원래 신인지, 인간이었는지에 관한 아리우스파Arianism 논쟁도 이데아와 깊은 연관이 있다. 후자의 입장이었던 아리우스파는 예수가 하나님의 나라(즉, 이데아)로부터 왔다면 불변해야 한다고 생각했다. 즉 하늘에서 구름을 타고 오든가 해야지 마리아의 몸에 의지해 태어난 뒤 사람과 똑같이 발육 성장의 과정을 겪었다는 것 즉, 신체적 변화가 생겼다는 점은 영원불변이란 이데아에서 오지 않았다는 증거라고 주장했으나 이단으로 내몰렸다.

여하튼 이 같은 조합을 바탕으로 로마 황제 콘스타티누스 1세 Constantinus I는 기독교를 국교화한 뒤 '철인' 종교지도자들을 소아시아 니케아에 모아 회의를 열고 이데아에서 온 복음 등의 말씀을 추려 성경을 325년 공인한다. 이데아의 구체적 모습이 드디어 드러났다.

이후 성경은 절대 진리로 간주되었다. 부족했던 이데아의 구체적 형상이 유대인 말씀으로 채워지면서 플라톤 철학이 중세 교회

시스템에서 완성된다. 지금도 '성경에 이야기되어 있다'는 말이 기독교인이 사물을 판단하고 해석하는 가장 중요한 근거가 된다.

아울러 교황을 포함한 사제는 이데아와 소통하는 철인이 된다. 무사 계급인 왕과 기사는 철인인 교황을 보호하고, 평민은 생산을 담당한다. 중세 시대 평민은 성경을 볼 수조차 없었다. 그들에겐 이데아에 접근할 권한이 없었기 때문이다. 이로써 플라톤이 말한 철인에 의한 통치가 구체적인 시스템으로 만들어진다.

아울러 이데아와 소통하는 교황과 사제의 말씀에는 오류가 있을 수 없다는 자연스러운 결론이 '교회 무오류'란 논리로 발전하고 교회의 권위를 강하게 만들었다. 지동설을 주장한 갈릴레오가 죽을 뻔했던 이유도 바로 이 때문이다. 지구가 우주의 중심이라는 게 교회가 공인한 내용이자 무오류의 위엄을 가진 이론인데, 지동설이 이를 거역했다. 이단이나 다름없었다.

여하튼 헤브라이즘의 컨텐츠를 바탕으로 플라톤의 유토피아 공학은 중세 시대에 완성됐다. 드디어 이상적인 시스템이 만들어졌다. 그렇다면 중세가 유토피아였을까. 역설적이게도 시스템이 완비됐다고 믿는 순간 오히려 적폐가 강하게 드러난다. 중세 유럽은 서양 역사에서 대표적인 암흑기로 기록되고 있다.

사제들은 영원불변의 진리를 점유하고 있다는 권위를 바탕으로 시간이 지나면서 자신의 입맛에 맞게 세상을 재단하기 시작했다. 고인물이 썩듯이 교회도 점차 타락했다. 말을 듣지 않는 왕을 신의 이름으로 파문하거나, 모든 죄를 사면받는 면죄부를 팔아 돈을 긁어모았다. 면죄부를 사지 않으면 천국에 갈 수 없다는 게 하나님의 뜻이라고 사제들은 이야기했다.

특히 십자군 전쟁은 중세 가톨릭이 스스로 무덤을 파는 일이었다. 신의 명령에 따라 수행한 전쟁이고, 그의 가호가 언제나 십자군과 함께 있어야 하는데, 제대로 이겨보지 못했고 패하는 경우가 더 많았다. 신심을 바탕으로 전쟁에 나선 이들은 사기꾼에 속았다는 의심을 할 수밖에 없었다. 그렇게 쌓인 불만은 종교 혁명을 통해 폭발한다.

종교 혁명은 사제의 이데아 독점에 정면으로 맞선다. 농민을 포함한 누구나 하나님, 즉 이데아와 직접 교감할 수 있다고 칼뱅Jean Calvin은 주장했다. 성경이 곧 이데아의 말씀이기에, 이를 열심히 읽고 따르면 된다. 그 말씀을 숙지한 가운데 기도를 통해 이데아의 지배자인 하나님과 직접 교감을 할 수 있다고 주장했다. 방언이 대접받는 이유도 같은 맥락이다. 그 순간 이데아에 간 것으로 간주된다. 아울러 검소하고 근면한 생활을 강조했다. 성경을 각국 언어로 번역해 일반인도 볼 수 있도록 했다.

신교는 사제의 역할을 부정하면서도 이데아인 성경 말씀을 살렸지만, 하나님의 나라를 땅에서 이루지는 못했다. 반대로 갈등은 증폭시켰다. 구교와 신교가 총칼로 맞서며 유럽 전역을 전쟁터로 만들었다. 30년 넘게 이어진 최악의 종교 전쟁은 결국 누구도 승리하지 못한 가운데 1648년 베스트팔렌 조약Peace of Westfalen 체결로 끝이 난다.

조약의 핵심은 유럽에서 종교의 자유를 보장한다는 것이다. 이제 싸우지 말고, 믿고 싶은 대로 믿자는 것이다. 이로써 중세는 종결됐고, 국지전을 제외한 심각한 종교분쟁은 유럽에서 사라졌다. 누군가의 승리가 아닌 관용과 선택의 자유를 바탕으로 종교전쟁은 해결된다. 본인 종교에 애착이 강한 이들에게는 실망스러운 결과일 수 있지만, 지극히 현실적인 타협점이자 우리가 지켜야 할 균형점이라고 본다.

대한민국은 이 같은 역사의 경험을 바탕으로 1948년 건국 이후 헌법상 종교의 자유를 택했다. 상대의 제거가 아닌, 다르지만 함께 공존하는 길이 최선임을 받아들인다. 그런데도 대한민국을 하나님의 나라로 만들어야 한다는 정치지도자가 있었다. 그러나 이같은 논리는 종교분쟁만 유발할 뿐이다.

66

헤라클레이토스와 노자, 이데아는 한여름 밤의 꿈

--- 99 ---

철기문명에서 시작한 사회적 혼란에 대해 플라톤과 공자는 잔혹한 병정놀음의 중단을 요구하는 한편 이상국가로 가는 길을 제시했다. 그런데 이상국가도 몽상이라고 보았던 철학자들이 있었다. 헤라클레이토스, 디오게네스, 노자, 장자 등이 대표적인데, 기원전 500년경 플라톤, 공자 등과 거의 동시대에 태어났다.

이들의 생각은 무엇일까. 유토피아에 도달하기 위해 이성을 바탕으로 꾸미고, 조작하고, 규율로 강제하는 일은 오히려 삶을 힘들게 만든다고 말한다. 인간이 동물과 구분되는 특별한 존재라는 생각에도 동의하지 않았다. 있는 대로 사는 게 가장 행복하다고 말한다. 그냥 자연스럽게 살아야 한다고 이야기한다.

동시에 세상에는 누구도 범접할 수 없는 근본 원리가 있다고 생각했다. 이데아가 영원불변의 진리이자 형상이라면 이들이 말한 근본 원리는 변화를 만드는 보이지 않는 손이다. 예컨대 헤라클레이토스는 만물의 생성과 소멸을 이끄는 세계법칙(우주의 섭리) 즉, 로고스가 있다고 보았다. 로고스에 따라 세상 만물이 대립·

58

투쟁 · 조화를 이루며, 근원에서 태어나고 다시 돌아가는 일을 반복한다.

로고스는 결코 인간을 위한 존재가 아니다. 로고스에 따라 움직이는 우주에 인간이 어느 날 일원이 되었을 뿐이다. 나를 위해 대한민국이 존재하는 게 아닌 어느 날 내가 대한민국에 태어난 것과 같은 맥락이다. 인간을 위해 우주가 존재한다거나 인간이 만물의 영장이라거나, 우주는 신께서 인간에게 준 선물이라는 인식은 정신승리일 뿐이다.

따라서 신이 만든 로고스가 인간을 포함해 특정 생명체의 시각에서 늘 정의로울 수 없다. 아프리카의 어떤 얼룩말은 사자의 이빨에 생을 마쳐야 한다. 얼룩말 입장에서는 평생 맹수에 쫓겨 다니는 삶이 불공평하고 화나는 일이다. 그러나 생태계의 원리 안에서는 그래야만 한다. 인간도 다르지 않다.

동양의 철학자 노자는 로고스와 유사한 맥락에서 세상의 근본 원리를 '도道'라고 말했다. 도는 곧 길인데 공간 속 길이나 인생 길이나 끊임없이 변화한다고 이야기한다. 도덕경 첫 구절에 등장하는 도가도, 비상도, 명가명, 비상명道可道, 非常道. 名可名, 非常名은 변하는 사물의 움직임을 대변한다. 2장의 유무상생有無相生이나 40장의 반자 도지동反子道之動은 그 움직임이 헤라클레이토스가 말한 바와 같이 대립물의 통일임을 뜻한다.

이 같은 철학의 사회적 함의는 헤라클레이토스와 노자를 계승한 디오게네스나 장자의 사상에서 잘 드러난다. 디오게네스는 행복이란 인간의 자연스러운 욕구를 가장 쉬운 방법으로 만족시키는 것이며, 자연스러움은 부끄럽거나 흉하거나 감출 필요가 없다고 생각했다. 반면 이에 어긋나는 도덕과 관습은 반反자연적이며 따라서는 안 된다고 역설했다.

장자 역시 오리 다리가 짧다고 늘려서도 안 되고, 학의 목이 길다고 줄여서도 안 되듯이 인간의 타고난 본성을 도덕과 규범이란 틀에 억지로 맞춰서는 안 된다고 이야기한다. 손가락이 여섯 개인 것이나 발가락이 네 개인 것도 타고난 본성이기에 하나를 늘리려고 하거나, 줄이려 할 필요도 없다. 본성을 버리고 규격화된 예법에 몸을 구겨 넣어도 안 된다.

장자가 말하는 본성은 맥락상 공자와 정반대다. 공자는 인간 공통의 본성이 있고 이걸 계발하는 게 중요하다고 말한다. 반면 장자가 말한 본성은 타고난 개성이고 따라서 모든 사람은 다른 본성을 갖고 있다. 나아가 배고프면 먹고, 졸리면 자고, 일하고 싶으면 일하는 생물로서의 자연스러운 욕망 역시 본성이다.

당시 이들의 철학은 '가 봤자 별거 없다. 있는 그대로 사는 게 낫다'고 생각한 점에서 보수주의자이고, 이상향을 소 닭 보듯이 했다는 점에서 사실주의자였다. 그리고 인류는 이들이 아닌 유토피아에 대한 희망을 제시한 공자나 플라톤의 이상주의를 선택했다. 세상에 대한 꿈이 있었기 때문이다. 그들이 말한 유토피아가 실제로 존재할 수 있고, 또 완성됐을 때 더없이 좋을 수 있다면 마다할 이유가 없었다.

그 꿈이 사람들의 가슴을 뜨겁게 만들었다. 도전도 하지 않은 채 포기하기보다 일단 한번 해보는 게 순서이기도 했다. 그러면서 플라톤의 이데아는 그리스 철학의 대표가 됐고, 헤라클레이토스는 진리가 아닌 궤변으로 폄하됐다. 동양도 마찬가지로 공자의 이상주의가 채택됐고, 노장철학은 산속으로 밀려났다. 다만 노장사상은 궤변으로 폄하되기보다 심오한 신선사상 등으로 변화하며 개인의 무한 자유에 대한 유토피아적 욕망으로 발전하기도 했다.

세상이 어지러운 이유는 악마 때문이고, 그 악마가 사라지면 좋은 세상이 되지 않을까. 누구나 쉽게 상상할 수 있는 유토피아였다. 2500년 전 인류 문명의 탄생지 메소포타미아에도 비슷한 생각으로 종교를 만들었던 인물이 있었다. 조로아스터교의 창시자 조로아스터다. 니체의 책 제목에 등장하는 자라투스트라Zarathustra가 조로아스터Zoroaster의 그리스식 발음이다. 조로아스터에 따르면 신은 선의 천사와 악의 천사를 쌍둥이로 만들었다. 그런데 악의 천사들이 어느 날부터 신의 말을 듣지 않고 멋대로 행동하며 인간을 유혹하기 시작했다. 그 이름이 사탄이다.

물론 신은 전지전능하기에 손수 악마를 물리칠 수 있었다. 그러나 인간에게 자유의지를 줘 선악 가운데 스스로 택하도록 했다. 악마의 유혹을 벗어나 선을 선택함으로써 인간은 완전해질 수 있도록 만들었다. 따라서 세상은 선과 악이 싸우는 투쟁의 현장이 됐고, 선한 천사와 함께 하는 인간집단이 악을 물리치는 게 중요해졌다. 그리고 그 끝에 신이 약속한 유토피아가 있었다.

이 같은 조로아스터교는 주변 종교에도 영향을 미친다. 로마 가톨릭은 조로아스터교의 영향을 받아 사탄 제거를 중시했다. 구약에 등장하는 뱀을 사탄으로 규정하기도 했다. 구약을 성서로 인정하고 있는 이슬람교 역시 크게 다르지 않다.

사실 악마를 없앤 선한 유토피아는 쉽게 상상하거나 수긍할 수 있는 간단한 방식의 이상주의 로드맵이다. 주변에 존재하는 나쁜 자를 보면서 저런 놈들만 사라지면 세상 좋아지겠다는 생각을 쉽게 할 수 있기 때문이다. 천정을 오가는 쥐를 잡듯이 악마를 제거하면 편한 밤을 보낼 수 있다는 상상이 가능하다.

그런데 문제는 선과 악의 구분이 생각만큼 쉽지 않다는 사실이다. 타인의 물건을 훔치는 자는 악마의 유혹에 빠진 이들로 볼 수 있다. 그런데 며칠 굶고 있는 자식을 위해 훔쳤다면 이야기는 다르다. 마찬가지로 수많은 범죄자의 이야기를 듣다 보면 그럴 수밖에 없었던 불행한 과거사가 있는 경우가 적지 않다. 악마의 유혹에 넘어가 문제를 일으켰다기보다는 사회 구조적 요인이 그들을 범죄자로 만든 경우다.

더 큰 문제는 악용되는 경우가 빈번했다는 점이다. 중세 시대 마녀사냥이 대표적이다. 정적을 악마화해 없앤다. 악마를 제거하겠다고 나선 자가 진짜 악마 같은 존재였던 경우도 많았다. 유럽인들은 아메리카 신대륙 원주민을 학살하면서 그 근거로 그들의 악마 숭배를 꼽았다. 나치는 예수를 죽인 유대인을 사탄으로 몰아 인종 청소를 단행했다.

진영논리라는 게 있다. 예컨대 보수와 진보는 각각 세상을 해석하는 자기만의 방식이 있다. 자신의 길을 따를 때 유토피아에 도달할 수 있다고 말한다. 이 같은 논리에 근거한 대립과 투쟁은 정답과 유토피아가 있다는 믿음이 존재하는 이상 피할 수 없다.

피할 수 없다면 즐기면 될 텐데, 그런데 때론 감정적 대립으로 치닫게 된다. 그러면서 진절머리를 치게 되고 상대가 악마 같은 존재로 생각된다. 천정을 오가면서 찍찍거리는 쥐새끼처럼 보인다. 이 같은 상황에서 선악의 이데올로기는 감정 대립을 격화시키는 불쏘시개로 활용된다. 우리는 선의 천사가 되고 상대는 서슴없이 사탄이 된다. 선했던 이들이 눈에서 광기를 뿜어내면서 마녀사냥에 나선다. 1950년 한국전쟁으로 대변되는 사회주의와 자유주의 간 갈등에서 우리가 목격했던 현실이었다. 악마는 사탄의 조정을 받아 만들어지는 게 아니었다. 자신들이 만든 이데올로기란 깃발에 집착하면서 스스로 악마가 됐다.

물론 선한 행동을 강조할 필요는 있다. 그러나 악마를 제거함으로써 유토피아가 될 수 있다는 생각은 넘어서야 한다. 특히 나와 다른 생각의 사람들에 대해 '악마 같은 자들'로 규정한 뒤 핏발을 세우는 일은 줄어야 하지 않을까. 결국 내가 악마가 되는 탓이다. 그걸 통해 아무것도 이룰 수 없음을 지난 역사에서 우리는 충분히 배웠다.

과학과 근대화, 이데아가 땅으로 내려오다

유럽의 근대와 중세의 차이는 이데아가 어디에 있느냐로 구분할 수 있다. 중세 유럽의 이데아는 현실 건너편 형이상학적 세계에 있었고 근대에는 현실 안에 숨어 있는 것으로 인식되었다. 이데아가 땅으로 내려온 셈이다.

이데아를 땅으로 끌어 내리는 일은 고대 그리스의 아리스토텔레스가 먼저 했으나 근대 자연과학의 발견이 결정적인 역할을 했다. 현상 뒤에 숨어 있는 법칙은 무척 규칙적이었고 불변의 '그'처럼 보였기 때문이다. 예컨대 뉴턴은 사과를 포함한 모든 사물은 9.8m/s의 가속도로 정확히 낙하한다는 것을 발견했다. 이데아는 현실과 동떨어진 곳이 아닌 현실 안쪽에 숨어 있다는 점을 확신하기 시작했다.

물론 현실 안쪽 이데아의 발견 역시 뉴턴과 같은 철인(석학)이 했다. 차이는 누구나 검증 가능하다는 점이다. 이전 중세시대엔 철인(사제)만이 이데아를 볼 수 있었다. 그러나 과학이 발견한 만유인력이나 관성의 법칙은 실험을 통해 초등학생도 검증할 수 있다. 즉, 누구나 경험할 수 있는 이데아가 된 것이다.

과학적 진리 역시 영원불변의 이데아로 간주되면서, 신이 감춰 놓은 현실 속 이데아를 찾는 일이 중요해졌다. 신이 낸 숙제를 다 하면 자연으로부터 자유를 얻게 되고, 이데아를 땅에서 실현할 수 있다고 생각했다. 이것이 근대 과학이 설계한 유토피아였다.

따라서 근대의 과학자들과 사상가들은 뉴턴이나 코페르니쿠스 가 발견한 법칙은 불변의 진리이고, 심지어 뉴턴의 업적에 고무 된 19세기 말 대다수 물리학자들은 더 이상 새로 발견될 법칙이 없다고 확신했다. 남은 과제는 더 정밀한 실험과 소소한 발견뿐 이었다.

이렇듯 현실에 숨어 있는 이데아를 발견함으로써 미래에 대한 예측도 가능해진다고 믿었다. 낙하 법칙을 알게 됨으로써 10km 상공에서 떨어지는 물체가 언제 지구에 도달하는지 정확히 알듯 이 비가 오는 시간뿐만 아니라 강수량, 지진의 발생 시점 등을 모 두 알 수 있는 날이 온다고 생각했다. 뜻한 대로 세상이 만들어지 는 신의 경지도 꿈꾸기 시작했다. 이것이 근대화의 철학이었고, 유토피아적 상상이었다.

재미있는 사실은 이 같은 꿈 가운데 하나가 연금술이었다. 뉴 턴은 말년 케임브리지 연구실에서 연금술에 몰두하다 납 중독으 로 목숨을 잃었다. 돈 때문만이 아니다. 금은 변하지 않는 거의 유일한 금속이다. 따라서 시간이 흘러도, 물에 담가도 땅에 묻어도 그대로 존재한다. 계몽주의 과학자가 봤을 때, 금은 불변의 이데아를 상징하는 물질이었다. 모든 물질을 금으로 대변되는 불변의 물질로 만들 수 있는 이데아적 질료가 있다고 생각됐고, 이것의 발견은 지상에서 이데아를 실현하는 데 무척 중요했다. 건물을 포함해 세상 모든 걸 변하지 않고 원형 그대로 보존할 수 있기 때문이다. 그 성물聖物은 어쩌면 인간의 생명도 영원히 유지할 수 있게 해줄지 모른다는 상상도 충분히 가능했다. 이를 위해선 금Gold을 금Gold이게 만든 성물의 발견이 중요했고, 그것을 위한 과학이 바로 연금술이었다.

그런데 과학이 발견했다고 생각한 이데아를 무너뜨리는 괴물이 등장했다. 다름 아닌 과학 그 자체였다. 중세 교황의 말씀은 증명할 방법이 없었다. 사제가 '신께 들었다'고 하면 토를 달수가 없었다. 그러나 과학의 이데아는 실험을 통해 반증되거나 절대적이지 않은 것으로 밝혀지면 그 즉시 폐기되어야 한다.

고전 물리학이 이데아적 진리로 받아들였던 시간과 공간의 절대성이 대표적인 예다. 아인슈타인의 상대성 원리가 등장하면서 무너졌다. 그러면서 물리법칙의 절대성에 대한 의심이 증가했고, 절대적으로 받아들이던 진리에 대해 반증을 시도하는 과학자들이 증가했다. 그리고 결국 양자 역학은 우리가 알 수 있는 것은 오로지 확률적 지식이며 '절대 진리는 없다'는 결론에 도달한다.

현실에 감춰진 이데아에 사형선고를 내린 사람은 하버드대 출신 토마스 쿤Thomas Kuhn이었다. 토마스 쿤은 1960년대 그의 역작 〈과학혁명의 구조〉에서 '과학은 객관적이고 합리적인 것으로 신이 자연 속에 감춰둔 진리(이데아)를 드러내 주는 것이 아니다'라면서 계몽의 상식을 부정한 뒤 '보편타당도 불변도 시간에 따라 축적되는 발전도 없다'고 선언했다.

쿤은 나아가 '과학적 지식이 이성적이거나 합리적이지도 않다'고 주장했다. 아울러 정답도 오답도 없으며 오로지 시대의 주요 패러다임만이 존재한다고 말했다. 점진적 발전 대신 패러다임의 변화를 통해 정상 과학의 내용이 바뀔 뿐이라고 이야기한다.

이 같은 논리에 따르면 중세의 천동설이 비합리적이고 지동설은 합리적인 과학으로 구분되지 않는다. 천동설은 중세의 주류 철학이었으며, 지동설은 근대 이후의 철학일 뿐이다. 그 안에는 지동설 역시 지금 믿는 학설일 뿐 증거만 존재한다면 천동설로 바뀔 가능성도 있다는 사실을 내포하고 있다.

그의 설명 방식에 지금까지 많은 학자들은 적극적이든 소극적이든 동의한다. 이데아는 현상계 건너편에 있거나 자연 안에 감춰진 무엇이 아닌, 없는 게 됐다. 이데아를 발견했다고 환호했던 과학은 시간이 지나면서 그 가능성이 극히 희박함을 스스로 고백하고 있다.

이성, 모든 인간이 곧 신이 되는 이유

소크라테스 혹은 플라톤에게 현실 건너편 이데아를 통찰하는 건 철인의 영혼이었다. 중세시대엔 사제의 영혼이 신과 대화하는 통로였다. 계몽주의시대에는 그렇다면 석학의 영혼이 사물에 숨겨진 이데아와 대화하는 통로로 이해됐을까. 아니다. 이성이다. 육체와 분리된 형이상학적 영혼과는 구분되는 인간 의식을 탐구하면서 등장한 것이 바로 이성이다. 이성은 옳고 그름을 판단하는 합리성이며, 동물과 구별되는 특별함이고 진리를 찾는 힘이라고 계몽주의는 생각했다. 이성의 발현은 완전한 인간이 되는 길이었다.

이성은 진리를 발견하는 힘인 동시에, 인간을 인간답게 만드는 능력이었다. 우주를 지배할 수 있도록 신이 허락한 근거이기도 했다. 이성을 바탕으로 세상을 지배하고 진리를 찾도록 했다는 것이다.

또한 욕망이 이성에 의해 합리적으로 조절될 수 있다고 믿었다. 철학자 로크Locke, John는 이성의 제어를 통해 욕망과 감성이 억제

되고 공공질서가 잡힐 수 있다고 생각했다. 근대 경제학 역시 합리적 이성을 전제로 만들어졌다.

나아가 칸트Immanuel Kant는 실천 이성을 통해 세계시민적으로 사유할 수 있는 계몽된 인간의 협력 공동체도 구성할 수 있다고 생각했다. 하버마스Jurgen Habermas 등이 말한 공론장 개념이나 아렌트 Hannah Arendt식 '정치의 공적 영역'도 인류의 보편적 실천 이성을 전제한 가운데 만들어졌다.

아울러 계몽주의자는 깨달은 인간과 그렇지 않은 미개인을 구분했다. 이성적인 계몽 필요성이 식민 지배를 정당화하는 근거가 됐다. 교육도 강조했다. 교육을 통해 이성이 깨어나야 사회적 합리성도 늘고 세계 시민적 사유가 가능해지기 때문이다.

그런데 인간은 여전히 이성을 통한 이데아 통찰에 실패했을 뿐만 아니라 합리적 존재로 거듭나지 못했다. 이성적 인간이 되기 위한 경건하고 금욕적이며 청렴한 모든 시도는 개인적으로 성공한 케이스가 있을지라도 집단 규범으로는 실패했다. 이성적 각성이 부족해서일까. 악마의 유혹 때문일까. 문제의 본질은 이성만으로 인간이 살 수 없다는 데 있다. 이성적 측면이 강하게 발달했지만, 전부는 아니다.

경제학은 주로 최소 비용으로 최대 효과를 추구하는 합리적 인간을 가정한 가운데 이론을 정립한다. 아울러 이 같은 방향으로 진화해야 한다고 주장한다. 그러나 그것만이 인간에게 전부는 아니다. 때론 기분에 취해 소비하고 공포감에 사재기를 하기도 한다. 이성적인 측면이 강하지만 전부는 아니다.

따라서 한때 경제학에서는 비이성적 행위에 대해 분석하는 행태주의가 유행했다. 기업은 값싸고 품질 좋은 상품으로 합리성에 호소한 상품도 팔지만, 유명 아이돌을 광고에 등장시키고 각종 상징 조작을 통한 충동 구매 유발도 서슴지 않는다.

이성에 의해 감성이 통제될 수 있다는 생각은 독일 심리학자 프로이트Sigmund Freud에 의해 반박됐다. 그에 따르면 이성이 감성을 억제할 경우 사라지는 대신 응축되거나 왜곡된 형태로 자란다. 정상적인 성적 욕망이 억제되면 욕망이 사라지는 게 아닌 변태 성욕으로 변질된다. 키우면 키울수록 더 커지고 단단해지는 게 이성이라고 많은 이들은 생각했다. 그러나 희망일 뿐이었다. 단단해지고 강해지는 대신 광적인 방식으로 변질되는 경우가 더 많았다.

이성적 강박의 어두운 면은 프랑스 철학자 푸코Foucault, Michel에 의해 더 처절하게 분석된다. 미셸 푸코는 이성理性의 시대에 오히려 광기狂氣가 쏟아졌다고 이야기한다. 중세의 마녀사냥에서 시작해 히틀러의 인종청소, 그리고 두 번에 걸친 세계 대전, 핵무기 경쟁까지 이성적 판단으로 도저히 용납 안 되는 광기가 이성이 최고조로 숭앙되던 시대에 만연했다.

그가 본 세상은 말 그대로 지킬박사와 하이드다. 합리적인 겉모습과 달리 내면에는 광기가 차오른다. 욕망을 억제하고 이성을 확장한 인간은 신사로 자신을 변모시키기보다 무척 뾰족한 극단적인 상태에 올라선 불안한 존재가 된다. 그곳에 쌓인 반작용 에너지가 결과적으로 광기의 모습으로 폭발했다는 게 푸코의 해석이었다.

독일 철학자들은 이성과 감성 이외에도 순수이성(칸트), 절대이성(헤겔) 등 보통의 이성을 넘어선 최상급 이성이 인간에게 있다고 보았다. 플라톤이 언급한 철인의 능력을 독일 방식으로 해석한 셈이다. 그런데 이 같은 절대 이성은 히틀러 등 전체주의뿐만 아니라 노동자 독재를 주장한 마르크시즘이 탄생한 배경으로 작용했다. 절대 이성의 담지자膽智者가 히틀러가 되는 순간 파시즘이 되고, 공산당이 되는 순간 노동자 독재가 된다. 이성의 철학이 근대 독재 국가 등장에 큰 공을 세웠다고 할 수 있다. 또한, 이들 독재는 폭력을 포함한 모든 자신의 행위 수단을 정당화했다. 절대 이성의 깨달음은 진리이기에, 그것에 저항하는 모든 세력을 폭력을 통해서라도 제거해야 한다고 믿었다.

이성은 분명 깊이 생각하고 다양한 측면을 분석하고 새로운 것을 배우도록 하는 능력이다. 여전히 우리에게 요구된다. 문제를 일으켰다고 적대시할 필요는 없다. 아울러 이성에 의해 통제되는 절제된 습관도 필요하다. 문제는 이성 자체가 아닌 이성에 대한 과도한 기대내지 우상화였다고도 할 수 있다. 이성을 통해 만들고자 했던 유토피아와 완벽한 인간에 대한 꿈이 실패했다고 할 수 있다.

그 안에서 균형점을 찾을 수 있다. 이성의 실용적 활용이다. 도구적 이성이다. 필요한 것은 이데아를 통찰하는 직관으로써의 이성이 아닌 삶을 개선하고 문제를 해결하는 도구로써의 이성이다. 이성의 본질적 용도가 원래 이와 같았다고 할 수 있다. 이성의 대단한 능력을 보면서 그 이상을 할 수 있겠다는 기대감이 생겼었는데, 이 같은 기대가 과도했음을 받아들일 필요가 있다.

나아가 호모 사피엔스만이 유일하게 이성을 갖고 있다는 생각도 편협한 도그마에 가깝다. 인간이 출중한 이성을 보유한 점은 사실이지만 동물에게 생각하는 능력이 전무하다고 할 수도 없다. 사자가 강한 이빨과 발톱으로 초원을 지배했듯이 인간은 뇌가 만들어 낸 강력한 이성적 활동을 통해 도구를 개발하고 지구의 지배자가 됐을 뿐이다. 인간에게 사자와 같이 날카롭지는 않지만 이빨이 있듯이 사자에게도 인간만큼은 아니겠지만 이성적 능력이 있다고 할 수 있다. 이게 세상을 보는 자연스러운 시각이지 않을까.

—— " ——

조선의 유토피아 공학 – 도덕 보편국가

—— " ——

계몽주의 시대 동양에서도 인간 이성을 탐구하는 성리학이 등장한다. 성리性理를 뒤집으면 이성理性이 되고, 계몽의 서양 학문과 닮은꼴이 된다. 12세기 송나라 주자에 의해 만들어진 성리학은 공맹의 인仁을 이성의 관점에서 탐구했다.

성리학에 따르면 인간 본성은 이理와 기氣로 이뤄져 있는데, 이성은 불변이며 본성이고 질료인 반면 기는 눈에 보이는, 변하는 현상과 같다. 예컨대 철수란 사람의 얼굴은 아침엔 부었다가 저녁에 빠지거나 혹은 나이가 들수록 흰머리가 늘어나는 등 변화하지만 그 안에서 언제나 철수임을 알 수 있는 변하지 않는 이데아, 즉 이理가 있다는 것이다.

특히 한국에서 성리학은 이와 기의 관계를 연구하는 데 집중했다. 둘 중 무엇이 더 중요한지, 상호 어떤 영향을 주는지에 대한 차이로 분파가 나뉜다. 퇴계 이황의 경우 이기이원론을 주장했다. 이와 기가 서로 큰 영향을 받지 않는다고 보았다. 이理 자체의 발현에 힘써야 한다는 결론이 나온다. 본성을 깨우치기 위해 사색하고 독서하고 마음을 깨끗이 하는 등 개인적 노력이 중시된다.

　반면 율곡 이이가 주장한 이기일원론은 이와 기가 묘하게 얽혀 있기에 기를 바르게 함으로써 이의 본성이 구현된다고 생각했다. 부모에 대한 효는 본성인데 매일 아침 문안 인사를 드리고 돌아가시면 3년 상을 치르는 눈에 보이는 형식의 올바름을 통해 이가 발현된다고 생각했다. 따라서 예법이 중시된다.

　두 개의 다른 이론 가운데 이기일원론이 승리했고, 따라서 예와 형식이 강조됐다. 선비는 언제 어디서나 반듯하게 도포와 갓을 쓰고 흐트러짐이 없어야 했다. 완벽한 형식은 선비라는 이데아를 담아가는 과정이기 때문이다. 또한, 예의 바른 사람은 일도 잘하고 마음도 바르다고 생각됐다. 바른말도 싹수없이 하면 욕을 먹게 된다.

　예와 형식에 대한 집착은 16세기 임진왜란과 병자호란을 겪으면서 더 강해졌다. 도덕적 우위에 있다고 생각한 조선은 도덕국가의 완성만이 오랑캐인 청나라와 일본에 당한 수모를 갚고 멸망한 명나라의 유교적 본류를 계승하는 길이라고 생각했다. 이는 엄격한 예치로 나타났고 스스로 도덕적 문화 국가를 완성했다고 믿었다. 예의와 예법을 엄격하게 준수함으로써 인간 본성을 누구보다도 잘 발현하는 나라가 됐다고 자부했다. 일종의 정신승리였다.

　그런데 도덕국가에 대한 자부심이 고양될수록 양민과 노비는 깔아뭉개도 될 사람들로 전락했다. 선비나 양반들이 이理라는 본성에 근접했다고 절대화될수록 평민은 소, 돼지 취급을 받게 된다. 또한, 예법을 모르기 때문에 마음껏 부려먹거나 착취해도 된다고 생각했다. 양반들은 의무에서 면제가 되고 양민은 세금을 내기 위해 소와 돼지처럼 일해야 했다.

당하고 살지 않으려면 어떻게든 양반이 되어야 했다. 양반 신분증을 사고파는 일이 비일비재해졌다. 중세 교황이 면죄부를 팔던 것과 크게 다르지 않았다. 아울러 양반들의 예법을 배우기 위해 애썼다. 조선 후기 급기야 국민의 80%가 양반이 되는 사태가 벌어진다. 양반이 국민 전체의 80%라면 성리학자들이 꿈꾸던 유토피아가 됐다는 뜻이다. 그러나 서유럽의 중세가 암흑기로 기록되듯이 조선 후기는 한반도의 암흑기로 기록되고 있다.

반작용이 모든 걸 원점으로 돌린 탓이다. 조선의 설계자들은 예를 중시하면 반듯한 사람이 사는 훌륭한 나라가 될 수 있을 것으로 생각했다. 예의 없는 자들의 버릇만 고치면 좋은 사회가 될 것으로 믿었다. 그러나 강하게 집착했던 만큼 부작용도 컸다.

예의에 집착하면서 알맹이는 사라지고 껍데기만 남은 경우가 비일비재했다. 소위 허례허식이다. 껍데기를 잘 다듬으면 알맹이도 채워질 수 있다고 믿었지만, 껍데기만 단단해졌을 뿐이다. 그리고 그 단단한 껍데기는 오히려 속을 채우는 걸 방해했다. 예의 바르면 일도 저절로 잘하게 된다고 믿었던 생각은 반대로 아무리 일을 잘해도 예의가 없으면 쓰레기가 되어야 하는 문화를 만들었

다. 반대로 윗사람을 깍듯하게 잘 모시면 능력과 관계없이 승승
장구하기도 했다.

이 같은 이기일원론의 예치禮治는 우리 사회에 여전히 어느 정
도 남아있다. 직장이나 사회에서 일을 잘하는 것만큼 예의를 잘
갖추는 일도 중요하다. 버릇이 없다고 찍히면 일을 아무리 잘해
도 승진은 고사하고 취직도 어렵다. 아울러 예의 없음을 빌미로
상대방을 쉽게 짓밟는 문화도 여전하다. 전가의 보도처럼 '젊은
놈이 대든다'거나 '너 몇 살이야'라는 한 마디로 상대를 제압하려
든다.

예의에 대한 강조는 아무래도 힘 있는 윗사람에게 유리하다. 언
어와 행동 양식으로 계급과 차별을 구조화할 수 있기 때문이다.
예의가 강조되던 이기일원론이 조선 시대 주류가 되었던 중요한
이유도 이 때문이라고 할 수 있다.

따라서 조선은 사실상 힘 있는 자에 대해 그렇지 못한 이들의
'복종의 예'가 강조될 수밖에 없었다. 위로부터 썩을 수밖에 없는
구조가 존재했던 셈이다. 수령 김정은 동지가 말씀하시는데, 그
앞에서 졸았다고 장관급 간부가 극형에 처해졌다는 북조선 왕국
의 에피소드는 '예절 천국'이 어떤 사회였는지 짐작하게 해주는
사례이다.

아울러 성리학이 절대화되면서 격물치지格物致知를 강조한 실
학은 뿌리를 못 내렸고, 근대화에 필요한 과학과 산업의 발전도

진전되지 못했다. 실학의 바탕이 된 양명학은 인간 본성이 아닌 사물의 본성을 파악해 활용하는 게 중요하다고 생각했다. 예컨대 앞서 들었던 철수와 마찬가지로 사과에도 이가 있으며, 이를 밝히는 게 중요하다고 본 게 양명학이었다. 계몽주의적 생각에 가깝다고 할 수 있는데, 이에 대해 조선의 지배 계층은 개, 돼지뿐만 아니라 사과에게도 이성이 있다고 생각하는, 물질을 숭배하는 위험한 생각이라며 터부시했다.

물론 예의 바른 문화를 무너뜨릴 필요는 없다. 올바른 인성도 중요하다. 예의를 바탕으로 좋은 인성이 함양되는 측면도 분명 존재한다. 문제는 그걸 절대화할 때이다. 모든 걸 예의 하나로 도매금으로 처리할 때다. 그건 정확한 판단이 아닌 편견이다. 내용은 무시하고 형식으로 모든 걸 재단하는 실수를 범하는 경우도 생긴다. 필요한 게 균형감이다. 그랬을 때 과거의 긍정성을 계승하면서도 그 긍정성이 도그마가 되는 불균형을 범하지 않을 수 있다.

자본주의 – 시장신God of Market의 등장

절대적 정답에 회의적이었던 상대주의 철학의 영국은 유럽 대륙과 다른 유토피아를 꿈꾼다. 진리 대신 풍요가 중시된다. 젖과 꿀이 흐르는 땅이 유토피아란 생각을 한다. 순수과학보다는 증기기관 같은 응용과학과 산업기술이 발달한다. 그런 와중 주목한 곳이 시장이었다. 사실 시장은 자본주의 이전부터 존재했는데, 그들 눈에 다르게 보이기 시작했다.

시장은 상품 교환을 전제로 하며, 아울러 상품 교환은 분업을 바탕에 깔고 있다. 아담 스미스Adam Smith를 포함해 고전 경제학자들이 주목한 사실은 이 분업이 생산력을 급격히 증대시킬 수 있다는 점이다. 즉, 생산력을 높이기 위해 분업이 필요했고, 이를 위해 시장의 활성화가 요구됐다.

예컨대 농부 A는 농사는 포기하고 본인이 잘하는 농기구 제조와 수리에 집중한다. 농사일도 함께 할 때 보다 전문성이 증가하며 생산량이 많이 늘어나는데, 이를 동네 시장에 내다 팔아 빵도 우유도 더 많이 살 수 있게 된다. 동네 사람들도 이득이다. 본인이 직접 농기구를 제작하거나 수리할 필요가 없어진다. 그 시간에 더 열심히 농사를 지어 생산량이 늘어난다.

이렇듯 자신이 전문적으로 만든 상품을 교환하는 장소가 시장이다. 시장이 활성화되면 분업이 늘고 따라서 생산력이 증가하면서 세상에 없던 풍요를 누릴 수 있다고 영국 고전 경제학자들은 주장했다. 아울러 여러 제품이 시장에 등장하면 소비자들은 선택의 폭도 넓어진다. 기업은 더 많은 사랑을 받기 위해 더 좋은 제품을 만들려고 노력한다.

나아가 노동력까지 상품화해야 분업의 생산량은 극대화한다고 아담 스미스는 말한다. 농기구를 혼자 만드는 것보다 여러 명이 모여 분업할 때 더 많이 만들 수 있다. 대량 생산이 가능해진다. 공장을 세운 자본가와 분업에 참여할 노동자가 노동시간을 거래하는 노동 시장이 따라서 필요해진다. 여기서 자본주의의 핵심인 자본과 노동의 구조가 형성된다.

나아가 무엇을 얼마만큼 생산할지 국가나 왕이 굳이 계산해 주지 않아도 시장이 다 해결한다고 고전 경제학자들은 말했다. 감자를 먹고 싶은 사람이 늘어나는 데 생산량이 적으면 가격이 오른다. 가격이 오르면 높은 가격에 끌려 농부들이 감자를 더 많이 심고 따라서 가격은 원래 상태로 돌아간다. 감자의 생산량과 가격이 시장의 교환을 바탕으로 알아서 균형점을 찾아간다.

시장을 바탕으로 한 분업의 증가는 고전 경제학의 예측대로 생산력과 효율성을 급증시켰다. 그러면서 시장은 모든 걸 해결하는 전지전능한 존재로 받아들여졌다. 보이지 않는 손은 신의 영역으로 올라서면서 '시장market신神'이 탄생한다. 정부가 거의 개입을 하지 않는 소위 자유방임 국가 체제를 유지한다.

영국은 이를 바탕으로 대영제국의 기틀을 마련했고, 유토피아에 대한 꿈을 꾸기 시작했다. 유럽 대륙이 구교와 신교, 왕권신수설, 사회주의 등 각자의 정답으로 피비린내 나게 투쟁할 때 영국은 시장신의 지휘에 따른 효율을 바탕으로 유토피아에 접근하는 듯 보였다. 그러나 시장신의 보이지 않는 손은 인간의 뜻과 같지 않았다. 그 법칙은 때론 인간에게 잔인했다.

가장 큰 문제는 공황으로 대변되는 경기변동이었다. 10년마다 주기적으로 공황이 발생했다. 그 출발은 호황이다. 호황이 지속되면서 기업들이 무리하게 생산량을 늘리는데, 어느 순간 공급과잉이 발생해 가격은 폭락하고 기업은 파산하기 시작한다. 실업자가 늘고 경기가 얼어붙으면서 경제가 불황의 늪에 빠진다. 사실 공황은 순리로 대변되는 보이지 않는 손이 균형을 맞춰가는 과정이다. 호황이 무한정 이어지기를 인간은 원하지만 보이지 않는 손은 불황을 통해 균형을 맞춘다.

이에 대해 일부 고전 경제학자들은 잠시 고통스럽더라도 공황 역시 언젠가 지나가기에 그냥 두면 된다고 말했다. 그들의 말은 사실이었다. 언제 그랬냐는 듯 공황이 지나가고 평온한 시간을 지나 또다시 호황이 찾아왔다. 겨울이 지나면 봄이 오는 것과 같은 맥락이다. 따라서 고전 경제학은 국가가 공황에 개입할 필요가 없다고 주장했다. 다소간의 고통이 있지만, 여전히 시장신이 알아서 문제를 해결하는 균형의 과정이라고 믿었다.

그러나 문제는 시간이 지날수록 온도 차가 증가하기 시작했다는 점이다. 호황과 불황의 진동 폭이 롤러코스터처럼 어지러울 정도로 커졌다. 호황일 때는 경기 온도가 영상 80도로 끓었다가 불황이 닥치면 영하 40도로 떨어진다. 견디지 못하고 죽어가는 사람이 늘어난다. 시장신이 인간에게 잔인함을 선사한다. 그래도 그냥 두어야 한다고 말할 수도 있다. 실제 이 같은 주장을 하는 고전 경제학자들도 있었다. 문제는 지구가 갈수록 유토피아가 아닌 생지옥이 되어간다는 점이다. 시민들의 분노가 증가하고 폭동이 빈발한다. 민중은 시장경제 전부를 갖다 버리고 새로운 세상을 만들어야 한다고 주장하기 시작했다.

시장의 또 다른 문제는 빈부 격차다. 시장에서 잘 팔리는 제품을 만드는 사람은 돈을 벌고 그렇지 못한 사람은 부도가 난다. 공황이 한번 휩쓸고 지나가면 자본력이 부족한 기업들은 길바닥에 나 앉는다. 저가의 고품질 제품을 만들기 위해서는 노동력을 최대한 착취해야 하는데, 결국 노동자는 가난해지고 자본가만 부자가 된다. 이 같은 시장의 흐름이 부자는 더 부자가 되도록 하고 가난한 사람은 가난하게 만든다. 만일 빈부격차가 사회적 문제만야기했다면 자본가 계급인 부르주아는 큰 문제로 생각하지 않았을 지도 모른다. 여전히 본인들은 부자인 탓이다. 진짜 문제는 이같은 빈부 격차가 시장 메커니즘을 무너뜨린다는 데 있었다. 시장경제가 돌아가기 위해서는 물건을 사주는 사람이 있어야 한다. 그런데 빈곤층이 증가하면서 살 사람이 줄기 시작했다. 대영제국은 시장 확보를 위해 식민지 개척에 열을 올렸으나 식민지 역시 무한대로 확보 가능한 게 아니었다.

또 다른 문제는 독점이다. 경쟁에서 이긴 기업들이 독점을 형성하는데, 그러면서 가격을 비싸게 담합하기 시작한다. 시장경제는 수요와 공급의 자유로운 교환을 통해 물이 흐르듯 균형가격을 유지하는 시스템이다. 그런데 독점이 형성되면 기업이 강물을 차단해 댐을 건설한 뒤 본인들 마음대로 공급량과 가격을 정하는 형식으로 시스템이 바뀐다. 즉 시장을 통해 성장한 독점자본이란 괴물이 시장을 잡아먹어 버리며 시장의 효율성이 사라진다.

결국, 시장은 주기적 공황, 빈부 격차, 독점의 심화와 같은 시장 실패를 만들어 냈다. 고전 경제학자가 꿈꾸었던 시장을 통한 유토피아는 인류에 풍요를 선사했음에도 불구하고 성공적이지는 못했다. 이후 유토피아에 대한 탐색은 시장 실패를 어떻게 해결할지에 관한 주장들로 이어진다. 실마리만 찾으면 젖과 꿀이 흐르는 동산에 오를 수 있다고 사람들은 믿었다. 먼저 인기를 얻은 설계도는 시장 자체를 없애는 주장이었다. 사회주의와 공산주의다.

---------- " ----------

역사의 마지막 유토피아, 공산주의

---------- " ----------

영국에 망명한 뒤 자본주의의 발전과 이에 따른 시장 실패를 유심히 관찰하던 독일철학자가 있었다. 바로 과학적 사회주의의 창시자 칼 마르크스Karl Marx다. 마르크스 역시 아담 스미스와 마찬가지로 분업이 만들어낸 자본주의의 생산력 증가에 주목했다. 아울러 분업은 유지한 가운데 시장만 제거하면 생산력 증가를 지속시키면서 시장 실패를 해결할 수 있다고 생각했다. 마치 몸에서 암덩어리를 빼내듯이 시장을 제거하는 설계도인 셈이다.

앞서 살펴본바와 같이 분업이 증가하고 생산력이 높아질수록 자본은 점점 소수의 손에 집중되고 나머지는 큰 공장의 부품과 같은 노동자로 전락한다. 독점 심화다. 이 같은 상황에서 다수의 노동자가 단결해 자본가를 몰아내면 문제가 해결된다고 마르크스는 봤다. 이게 바로 생산 관계의 변화이자 사회주의 혁명이다. 풍요로워질수록, 빈부 격차가 심해질수록 자본가는 소수가 되고 노동자는 다수가 된다. 손으로 코를 푸는 것만큼 사회주의 혁명이 쉬운 때가 오게 된다. 극심한 공황기가 바로 혁명의 순간이 된다.

자본가들이 스스로 자기 무덤을 파고 있다고 마르크스는 그들을 향해 비웃음을 날렸다.

마르크스는 이 같은 사회주의 탄생 과정을 '사적 유물론'이라는 인간 역사 내부에 흐르는 이데아의 전개 과정으로 이데올로기화했다. 원시공산제에서 출발해 노예제와 봉건제 그리고 자본주의를 거쳐 생산수단에서 분리된 노동계급이 사회주의 혁명을 완수하고 공산주의로 가는 게 우주가 생성될 때부터 예정되어 있었다고 이야기했다. 따라서 자본주의를 무너뜨리고 사회주의 국가가되는 역사는 인류가 꿈꾸었던 유토피아를 완성하는 사명이 된다.

마르크스의 논리는 계몽주의의 정점을 찍었고 지식인들의 호응을 얻었다. 유토피아로 가는 마지막 설계도를 마르크스가 찾아냈다고 생각했다. 마르크스주의 정당은 역사의 진리 혹은 이데아를 완벽하게 이해한 철인이었다. 진보를 위한 자본가 계급과의 투쟁이 시작됐으며, 이는 숭고한 십자군 전쟁과 같았다. 그리고 혁명은 러시아를 시작으로 여러 국가에서 성공하기 시작했다.

사회주의 혁명 이후 이들 국가는 시장 대신 국가의 계획을 중심으로 경제를 구조화했다. 이를 바탕으로 시장실패를 해결할 수 있다고 봤다. 생산물을 동등하게 나눠 빈부 격차도 없애고, 모든 소유권이 국가에 귀속됨으로써 모두가 무산 계급인 평등 사회를 실현한다.

마르크스주의는 진리인 듯 보였고, 인류는 공산주의라는 꿈에

젖어 들었다. 모두가 평등하며 일하고 싶은 만큼 하고, 갖고 싶은 만큼 갖는 꿈이 공산주의에 담겨있었다. 빈부 격차를 허용하는 자본주의와 비교해 도덕적으로 우월해 보였다. 그러나 언제나 그랬듯이 유토피아적 상상은 현실 적용 후 더 큰 문제를 만들어낸다.

노동계급이 주축이 된 공산주의 정당과 수령은 이데아, 즉 진리를 아는 자들이기에 독재가 허용됐다. 예전 교황이 그랬듯이 본인들은 무오류의 집단이라고 정신 승리를 하는 한편 다른 주장을 하는 이들을 잔인하게 학대했다. 인민은 형식적으로는 서로 평등한 '동무'가 됐지만, 사실상 당과 수령을 예전 황제나 양반처럼 상전으로 모셔야 했다. 독선과 오만에 빠진 사회주의 독재 정당들은 결국 수없이 많은 실수를 하며 무오류의 집단이 아님을 증명한 뒤 자멸했다.

아울러 국가 분배는 초반 자본주의에 비해 효율적이기도 했으나 시간이 지날수록 뒤처졌다. 상품이 늘어나고 사회가 복잡해질수록 국가의 배급은 비효율적일 수밖에 없었던 탓이다. 경제가 발전할수록 자본주의에 패할 수밖에 없는 구조가 사회주의였다. 공산당은 신이 아니었고, 따라서 그나마 자연의 순리인 보이지 않는 손에 의탁해 움직이는 자본주의를 이길 수는 없었다.

사유재산 철폐 역시 당과 수령이 모든 재산을 마음대로 주무르는 체제로 변모하며 부패하기 시작했다. 결국, 공산당 독재였고, 시장의 자본독점보다 더 심각한 폐해를 만들었다.

사람들은 분노하기 시작했고 결국 폭동으로 폭발했다. 소련을 포함한 동유럽 사회주의 국가들은 20세기 말 시장시스템을 도입하면서 변화를 모색하기에 이르렀다. 마르크스가 이야기했던 인류의 종착점 공산주의를 향한 실험은 실패로 끝났다고 선언하는 국가들도 늘었다.

물론 중국 공산당은 시장경제를 허용했음에도 불구하고 여전히 일당 독재를 유지하며 공산주의를 향한 대장정 중이라고 주장한다. 경제 발전을 통해 인민들이 보다 잘살게 되면 어느 순간 꿈꾸던 유토피아가 될 수 있다고 말한다. 물론 그들의 체제를 부정하고 싶지는 않다. 아울러 엄밀하게 따진다면 사회주의 시스템이라기보다는 일종의 자본주의와 사회주의가 섞인 하이브리드 시스템으로 보는 게 타당하다. 어찌되었든 폭력과 독선을 앞세우지만 않는다면 각자의 믿음을 유지하면서 국제사회에서 충분히 공존할 수 있다고 본다. 다만 그곳이 우리가 선망하거나 지향해야 할 유토피아는 아니다.

북한도 마찬가지다. 부자세습이 이뤄지는 북한은 사회주의라기보다 조선 왕조의 연장선상으로 보는 게 더 합당하다. 물론 이 같은 왕조국가와도 공생이 충분히 가능하다고 본다. 사우디 등 중동에 많은 왕족국가가 국제사회에서 다른 나라와 좋은 관계를 유지하고 있다. 그거면 충분하지 않을까 싶다.

" 케인즈가 꿈꾼 소비의 유토피아 "

　사회주의가 강력해지면서 자유주의 진영 역시 시스템을 변형할 필요성이 생겼다. 케인즈 경제학이 주목받았다. 케임브리지대 경제학 교수였던 케인즈John Maynard Keynes는 순수 자유방임을 포기한 가운데 경기변동과 빈부 격차 등의 시장 실패를 정부 개입으로 깔끔하게 해결할 수 있다고 주장했다. 마르크스와 달리 시장을 없애는 대신 복통을 일으킬 때마다 국가가 잘 치료하면 된다고 주장했다.

　예컨대 경제가 침체국면에 접어들면 건설, 복지 등에 정부 지출을 늘려 활력을 불어넣고, 반대로 과열되면 정부 지출을 줄여 냉각시킬 수 있다고 말했다. 국가가 액셀과 브레이크 두 개의 장치를 마련한 가운데 과열되면 브레이크를, 식으면 액셀을 밟아 속도를 유지할 수 있다는 뜻이다. 이를 바탕으로 경기변동 없이 지속적 성장이 가능하다고 보았다.

　이 같은 케인즈의 생각은 사회주의와 투쟁하던 자유주의 정치인들에게 매력적이었다. 침체국면에서 복지 정책 등을 확대해 돈을 풀면 경기 불황뿐만 아니라 노동자의 분노 문제가 해결되기 때문이다. 경기도 살리고 화가 난 유권자도 달랠 수 있는 신의 한 수였다.

미국과 유럽은 그의 정책을 긍정적으로 받아들였고, 20세기 초반까지 케인즈 처방은 선순환을 창출했다. 특히 1920년대 대공황에 직면한 미국의 루스벨트 대통령은 테네시강 유역 개발, 공공복지 서비스 확대 등 대규모 재정 지출로 경제를 살렸다. 사람들에게 돈을 풀어 소득을 증가시키자 소비가 늘어났고, 소비가 급증하자 기업 생산도 상승했다. 이 같은 선순환이 문제를 말끔히 해결했다.

사람들은 다시 유토피아를 꿈꾸기 시작했다. 케인즈가 말한 방법만 따르면 된다고 생각했다. 새로운 자동차를 만들거나 개발할 필요는 없어졌고 브레이크와 액셀, 그리고 핸들을 잘 조정하는 일만 남았다. 케인즈 역시 "이제 남은 일은 효율적 실천뿐"이라고 자신했다.

그는 〈우리 손자 세대의 경제적 가능성〉이란 에세이에서 "예외적 번영의 시대가 임박했으며, 세계의 경제 문제가 곧 해결될 것"이라고 선언했다. 케인즈는 하루 3시간만 일하고 나머지 시간에는 예술과 문화, 종교 등 정말로 중요한 일에 집중할 수 있는 시대가 곧 온다고 말했다. 바로 유토피아다.

특히 그는 이전의 근검과 절약을 강조한 프로테스탄트 윤리와는 상반되게 소비를 강조했다. 경제 성장을 위해선 내일을 걱정해 소비를 줄이는 일을 중단해야 한다고 말했다. 소비가 늘어야 물건을 만드는 기업이 번성하고, 기업이 번성해야 근로자의 임금이 오르는 선순환이 만들어지기 때문이다. 유토피아에 도달하는 길조차 축제가 된 셈이다. 그의 생각을 바탕으로 20세기 유럽과 미국은 대량 생산 대량 소비 사회로 변모했다.

축제에 흥분한 영국은 '요람에서 무덤까지'라는 슬로건을 바탕으로 유토피아의 골목에 들어섰음을 선언하기도 했다. 영국은 1942년 〈베버리지 보고서〉를 통해 요람에서 무덤까지 전 생애를 보장하겠다는 원대한 계획을 발표한다. 이어 가족수당법(1945년), 국민보건서비스법(1946년), 국민부조법(1948년), 아동법(1948년) 등의 개정과 신설을 통해 광범위한 사회보장제도를 확립했다. 복지 정책은 직업 소득 연령 등과 관계없이 전 국민을 대상으로 했으며, 연금보조, 의료서비스는 물론 임신수당, 아동수당에서 장례수당에 이르기까지 전 생애를 보장하고자 했다.

영국식 복지국가는 세계 모든 자유주의 국가가 가야 할 유토피아로 자리매김했다. 1960년대 경제 개발에 나섰던 대한민국의 목표도 복지국가였다. 허리띠를 졸라매고 열심히 일하면 영국처럼 풍요로운 유토피아가 될 수 있다고 생각했다. 그러나 보이지 않는 손은 이번에도 균형을 맞추며 인간의 꿈을 무너뜨린다.

어느 순간 케인즈 모델은 돈만 먹는 하마가 되어 버렸다. 액셀을 밟으면 힘이 엔진에 전달돼 경제를 움직여야 하는 데 아무리 밟아도 노동자들이 동력을 엔진에 전달하지 않아 소음만 심한 가운데 바퀴가 공회전했다.

시민들에게 돈을 나눠주면 소비가 증가하고 따라서 기업 생산이 증가하는 선순환이 발생해야 한다. 그런데 복지혜택을 누리는 시민들은 공장에서 일하지 않는다. 국가가 실업수당을 주는 데 굳이 일할 필요가 없기 때문이다. 결국, 소비 지출은 증가하는데 생산량이 따라가지 못해 물건값만 올라가는 인플레이션(물가상승)이 발생한다. 시장이 무기력해지고 엉망이 되기 시작했다.

아울러 정부의 재정적자 역시 심해졌다. 케인즈의 구상에 따르면 정부 지출은 소비 증가와 경기 활성화란 임무를 완성한 뒤 새끼를 증식해 더 많은 세금이란 형태로 정부 호주머니에 들어와야 한다. 선순환이 무너지면서 지출만 증가할 뿐 수입은 그대로이면서 재정적자가 심해졌다. 따라서 영국 정부는 지출을 줄여야 했다. 그러나 한 번 시작된 복지 서비스는 시민들의 반발 때문에 중단하지 못했다. 세금을 올리거나 빚을 내 복지 서비스를 유지했다. 성장은 없고 정부 돈으로 복지 지출만 지속하는 영국병 혹은 복지병을 앓기 시작했다. 영국 정부는 빚더미에 깔리기 시작했고 1976년 급기야 IMF로부터 구제 금융을 받게 된다. 성공하는 듯 보였던 복지국가 실험은 실패로 마감했다.

신자유주의와 멋진 신세계

영국의 마거릿 대처Margaret Thatcher 총리는 1979년 선거에서 승리한 뒤 복지 예산을 포함해 공공 지출을 삭감하고, 세금 인하와 국영기업 민영화 등 복지병 치유를 위해 소위 신자유주의 정책을 펼친다. 대처는 더불어 노조를 무력으로 굴복시켜 철의 여인이란 별명도 얻었다. 금융 빅뱅 등 보다 자유로운 시장질서의 확산에도 나섰다. 미국에서 등장한 레이건 행정부도 비슷한 신자유주의 정책을 추진한다.

신자유주의는 시장신의 부활을 캐치프레이즈로 내건다. 사회주의와 케인주의의 핍박을 견딘 시장신께서 다시 살아났다고 선전했다. 그러나 엄밀하게 따지자면 정치적 수사에 가깝다. 복지 예산을 축소하고 시장 기능을 강화하는 한편 시장market 님을 정치적으로 활용했지만, 과거 고전경제학자들처럼 시장 만능을 택하지는 못했다. 19세기와 같은 자유방임으로 돌아가지는 않았다.

반대로 시장 실패의 가능성을 인정한 가운데 이를 해결하는 도구로 국가 기능도 받아들인다. 물론 가능하면 국가 개입을 최소화하는 방식을 택한다. 따라서 주기적 경기 침체의 해결을 위해 복지 확대 등 재정정책보다 통화정책을 선호했다. 경기가 침체에 빠지면 금리를 인하해 통화량을 늘리고, 과열되면 반대의 정책을 사용한다.

이 방식은 우선 복지 지출처럼 과정이 복잡하지 않다. 금리 인상과 인하로 정부 역할을 줄일 수 있다. 케인즈가 가속기와 브레이크란 기계장치를 사용했다면 통화정책 중심은 손가락을 까딱거려 버튼을 누르는 정도로 정부 역할을 줄일 수 있다. 정부 역할이 거대한 애드벌룬에서 단단한 골프공으로 바뀌었다고도 할 수 있다. 이후 중앙정부의 복지정책보다 중앙은행의 기준 금리 결정 등 통화정책이 중요한 경제 정책 수단이 됐다.

아울러 국영기업 민영화 및 경쟁 체제 도입을 통해 시장 실패의 또 다른 문제인 독점 심화 해결에 나섰다. 예컨대 국영 통신사를 민영화하는 한편 여러 통신사가 경쟁하도록 했다. 우리나라 역시 한국통신(KT) 등을 민영화하는 한편 그들이 독점하던 사업에 다른 민간 업체가 참여해 경쟁하도록 했다.

사실 민영화 그 자체는 시장 실패의 해결책이 아니다. 민영화가 무능한 국가독점에서 탐욕스러운 민간독점으로 이어지면 오히려 더 큰 문제를 만들 수도 있다. 민영화 과정에서 마피아가 국영기업을 장악한 러시아의 경우 민간 경영이 더 낫다고 말하기 힘든 경우도 부지기수다. 신자유주의의 중요한 포인트는 민영화 그 자체가 아닌 경쟁의 강화다.

경쟁이 증가하면서 소비자의 선택은 다양해졌고 제품 품질도 좋아졌다. 더 많은 영역에서 상품과 자본이 자연스럽게 흘러가도록 했고, 바위에 막히지 않은 경제는 높은 효율을 만들어 냈다.

신자유주의의 또 다른 유토피아 공학은 슘페터Schumpeter, Joseph가 주장한 혁신에 근거한 공급주의다. 새로운 기술 개발로 수요를 끊임없이 창출하는 동시에 가격도 낮추는 정책이다. 컴퓨터가 대표적인데, 그동안 품질은 좋아지는 반면 가격은 지속적으로 하락했다. 이를 바탕으로 경기변동을 없애거나 최소화한 가운데 지속적 성장이 가능하다고 생각했다.

시장을 보다 강조하는 신자유주의는 복지병을 치료하며 영국과 미국을 포함한 서방국가의 경제를 살렸다. 미국은 1990년대 들어 일본에 밀려나던 경제를 다시 세계 최강에 올려놓으면서 사회주의 소련을 무너뜨린다. 이후 21세기 초반까지 10년 넘게 장기 호황을 누렸다. 공황의 공포에서 벗어났다는 이야기가 조심스럽게 나왔고, 유토피아를 향한 고속도로에 올라탔다는 장밋빛 전망이 나오기 시작했다.

이에 세계 각국은 시장중심, 통화주의, 민영화, 벤처 혁신 등 신자유주의 정책을 도입하기 시작했다. 지구상 모든 나라가 흠모하며 따라가는 모델이 됐고 신자유주의는 그 끝에 유토피아가 있다고 주장했다. 그러나 2008년 리먼 브라더스 사태로 미국 경제에

균열이 가기 시작하면서 신자유주의 정책의 문제점이 드러나기 시작했다.

신자유주의는 케인즈의 정책이나 사회주의 시스템보다 시장 기능에 보다 의존함으로써 많은 문제를 해결했다. 국가가 모든 걸 하겠다고 나서는 경우보다 시장에 근거한 운영이 높은 효율을 보인다는 사실도 입증했다. 그러나 동시에 유토피아로 가는 길이 아님도 확인되고 있다.

예컨대 효험 있던 금리정책은 자주 남발되자 시장 면역력이 강해졌고, 효과가 떨어지기 시작했다. 심지어 일본은 금리를 0%까지 낮췄지만, 불황에서 벗어나지 못했다. 돈을 아무리 쏟아부어도 그 돈이 돌지 않는 유동성 함정이라는 블랙홀에 빠진다. 제로 금리 상황은 아울러 더 이상 금리를 낮출 수 있는 여력을 없애버렸다. 실탄을 전부 소진한 빈총 신세가 되고 있다.

저금리는 아울러 많은 국가에서 부동산과 주식 가격의 폭등을 불러왔다. 중앙은행이 화폐의 공급량을 늘리고 금리를 낮추는 이유는 그 돈으로 창업을 하고 투자를 해 경제를 부흥시키라는 뜻이다. 그러나 시장은 언제나 그들의 의도대로 반응하지 않는다. 넘쳐나는 돈은 보다 안전한 투자처인 부동산이나 미래가 유망한 기업의 주식으로 모여들며 가격을 상승시켰다. 집값과 주가가 상승할수록 더 많은 돈이 몰리게 되는 구조가 만들어진다.

미국의 경우 부동산 가격 상승으로 홈리스가 증가하고 있다고 한다. 비싼 집을 사거나, 월세를 낼 여력이 없어 쫓겨나는 경우가 증가하고 있다. 우리나라 역시 저금리 정책 실시 이후 집값 폭등으로 주택 소유자와 그렇지 못한 사람 사이의 자산 규모 차이가 확대됐다. 제로금리를 택한 이후 코로나19로 경제성장률이 마이너스인 가운데 주가는 오르는 기이한 일도 벌어지고 있다.

아울러 저금리는 정부 부채를 증가시켰다. 값싼 이자 탓에 정부가 돈을 마구 빌려 썼다. 일본의 경우 국가부채가 국내총생산(GDP)의 세배 가까이 된다. 3년 가까이 전 국민이 번 돈을 꼬박 쏟아부어도 국가 빚을 갚을 수 없다. 그러면서 점차 저금리는 터질 가능성 큰 시한폭탄이 되어 가는 한편, 폭발력이 강해진 탓에 어느 나라도 내려간 금리를 쉽게 올리지 못한다.

아울러 빈부 격차도 심해지고 있다. 시장 기능의 강화는 태생적으로 치열한 경쟁을 유발하게 되고, 치열한 경쟁은 승자와 패자를 선명하게 가른다. 빈부 격차의 심화를 가져올 수밖에 없다. 소위 월가의 대형 금융자본이 헤게모니를 장악하면서 시장의 자유는 이들을 위한 특권적 자유로 변질되고 있는 면도 분명 존재한다. 착취의 자유가 마치 자유의 본질인양 변질되고 있다.

현재 우리가 서 있는 지점이 여기라고 할 수 있다. 여기서 우리는 이제 어떤 길을 가야할지 깊은 고민을 해볼 필요가 있다. 명확한 한 가지 사실은 대개의 자유주의 국가에서 택하고 있는 경제 시스템은 이제 유토피아로 가는 설계도가 아닌 국가주의와 시장주의를 적절히 섞어 사용하는 하이브리드 시스템이라는 점이다. 둘의 혼합 비율을 어떻게 정할지가 향후 중요한 과제일 수 있다. 당장의 심각한 문제의 해결이 우선시되는 지극히 실용적인 경제 정책이 연속적으로 이어질 확률이 높다는 점을 시사한다. 물론 미래는 아무도 모른다.

여하튼 이로써 지난 2500년 우리가 따랐던 주류 패러다임이었던 유토피아 깃발들을 차례대로 살펴봤다고 할 수 있다. 몇 가지 현재 우리 주변을 맴돌고 있는 유토피아적 생각을 살펴보면서 이번 장을 마무리하고자 한다.

기업은 테크놀로지와 유토피아의 합성어인 테크노피아란 단어를 자주 사용한다. 유토피아에 도달하려는 인간 욕망을 기술발전으로 만족시켜 줄 수 있다는 기업 이미지를 위해서다. 예전 황우석 박사는 줄기세포 기술이 영생을 가능하게 해준다고 설파했는데, 그것 역시 테크노피아의 일종이다.

테크노피아는 기업의 이기적 이윤추구가 보이지 않는 손에 의해 만들어지는 이타적 결과라고도 할 수 있다. 스마트 폰이나 로봇 등은 기업의 이윤을 위해 개발된 상품들이지만 동시에 인류가 더 나은 생활을 하도록 해준다.

그렇다면 기술 발전을 바탕으로 인류는 더 좋은 세상으로 진보할 수 있을까. 사실 이에 대한 믿음이 분명 있었다. 아울러 모든 기술 발전이 부작용 혹은 반작용을 만들지 않는다면 충분히 가능한 이야기가 될 수도 있다.

그러나 모든 기술 발전은 반작용의 생성에서 벗어나지 못한다. 스마트폰은 어디에서나 전화와 인터넷을 할 수 있는 편리함을 주었으나 여러 새로운 문제를 만들었다. 예컨대 인터넷 뱅킹은 직접 점포에 가지 않고 집에서 은행거래를 할 수 있도록 했지만, 보이스 피싱 등의 새로운 문제를 일으켰다. 이 같은 문제로 인해 인터넷 뱅킹은 갈수록 사용법이 어려워지고 있다. 편리함을 도모하고자 했던 시스템이 사람들에게 새로운 어려움을 만들어낸다. 소위 디지털 문맹자를 양산한다.

로봇이 구질구질한 일을 대신한다면 인류는 불편한 노동에서 해방될 수 있다는 생각을 하게 된다. 일은 로봇이 하고 인간은 즐기기만 하면 된다. 그런데 그 과정에서 일자리가 사라진다. 집안 일을 로봇이 대신하면 파출부는 존재 이유가 없어진다.

자동차의 생산라인에서 인간은 로봇이 원활히 일하도록 돕는 보조기사가 되어 가고 있다고 한다. 20~30년 된 숙련공이 아닌 1~2주 교육받은 이들도 자동차 조립라인에 투입이 가능하다. 핵심적인 일은 로봇이 하고 인간은 로봇에 부품을 건네주는 단순한 일을 하기 때문이다. 자동차 공장에서 비정규직이 해소되지 않는 근본 이유 중 하나가 여기에 있다는 게 전문가들의 지적이다. 굳이 숙련공이 필요 없다.

더 좋은 제품을 만들기 위한 기업의 기술적 노력은 보다 많은 풍요를 제공할 가능성이 크다. 그러나 반작용이 존재하는 세상에서 분명 새로운 숙제를 던질 수밖에 없다. 그 가운데 하나가 앞서 언급한 일자리 감소다. 인공지능과 로봇, 그리고 정보기술의 발달은 인간 일자리를 줄여갈 가능성이 크다. 패스트푸드점은 이미 주문을 터치스크린으로 받고 있으며, 편의점은 무인 점포화 되어 가고 있고, 콜센터는 인공지능으로 운영되며, 자율주행 자동차는 운전기사가 했던 많은 일자리를 대체할 확률이 높다. 실제 이 같은 문제로 인해 로봇과 인공지능을 적극 도입하지 못하는 경우도 있다.

전 국민에게 매달 묻지도 따지지도 않고 일정 금액을 제공하는 기본 소득제가 전문가 입에서 자주 언급되는 이유도 여기에 있다는 게 개인적인 판단이다. 첨단기술이 발달할수록 실업률은 오를 수밖에 없고 이에 대한 대안이 필요하기 때문이다. 그런 점에서 기본 소득제는 로봇이 일을 하는 대신 인간에게는 최소한의 생계가 보장되는 돈을 지급하는 제도로, 인공 지능과 로봇이 대세가 되는 시대에 새로운 대안이 될 가능성이 크다.

좋게 보면 일은 로봇이 하고 인간은 풍요를 즐기는 셈이다. 그러나 그 사회가 분명 유토피아는 아니다. 예컨대 지능화된 로봇이 반란을 일으키는 일이 공상과학영화에만 등장하란 법도 없다. 아울러 노동을 빼앗긴 인간이 느끼는 상실감은 소득으로 해결되지 않을 가능성이 크다. 주 40시간 일하고 180만원을 버는 대신 매달 80만원을 받는 무직의 기본소득자로 살아가는 삶이 반가운 사람도 있겠지만 반대로 불편한 이들도 존재할 가능성이 높다.

사회과학의 유토피아, 실증주의

천둥, 번개에 대해 과거엔 신이 내린 벌로 해석하고 두려워했다. 그러나 과학적으로 증명되면서 두려움이 사라졌다. 사회 현상도 마찬가지로 받아들여지기 시작했다. 부자는 하나님이 사랑하는 사람이고 가난한 사람은 벌을 받은 자로 과거엔 생각됐다. 그러나 더 이상 아니다. 빈부 격차는 사회 구조적 요인에 의해 만들어진 결과물로 생각되기 시작했다. 구조적 원인을 정확히 진단할 수 있다면 빈부 격차의 불평등이 해소될 수 있다고 확신했다. 자연과학과 마찬가지로 사회에 감춰진 진리의 법칙을 찾아낼 수 있고 그러고 나면 더 나은 세상을 만들 수 있으며 궁극적으로 사회적 유토피아가 가능하다는 믿음이 퍼졌다. 이것이 바로 사회과학이 꿈꾸었던 혹은 여전히 꿈꾸고 있는 유토피아다. 실증주의라고 통칭해서 이야기한다.

최초로 주장한 사람은 사회학의 창시자로 불리는 프랑스 철학자 콩트Comte, Auguste다. 그는 자연과학에서 사용되는 실증적 연구 방법이 인간과 사회 탐구에도 적용될 수 있다고 봤다. 증명되고 검증된 것만 믿어야 한다고 강조했다.

아울러 콩트는 지적 발전이 신학적 단계, 형이상학적 단계, 실증적 단계의 3단계로 이어진다고 봤다. 과학적 방법을 통한 사회 분석인 실증적 단계는 과거보다 발전된 단계이자 마지막 단계라고 생각했다. 실증적 단계에서 인류는 사회 안에 담겨있는 법칙을 찾아내고 또 증명할 수 있게 된다고 콩트는 생각했다.

이후 실증주의는 콩트를 넘어 과학적 방법으로 증명된 내용만을 신뢰하는 사회과학의 보편적 용어로 자리 잡았다. 철학과 신학, 때론 자연과학이 담당했던 유토피아에 관한 탐구는 이후 사회과학의 몫으로 점차 옮겨가기 시작했다. 앞서 다룬 고전 경제학, 마르크스주의, 케인즈 경제학 등도 이 같은 실증적 학문에 근거해 탄생한 유토피아 설계도라고 할 수 있다.

아울러 대학들은 사회를 과학적으로 다루는 여러 영역을 개척했다. 사회학뿐만 아니라 심리학, 정치학, 경제학 등이 만들어졌고, 통계학이나 수학 등 과학적 방법이 사용됐다. 사회과학이란 분야가 전 세계적으로 퍼져나갔고 지금까지 이어지고 있다. 20세기를 넘어 21세기까지 유토피아에 관한 탐구는 대학의 사회과학 캠퍼스에서 열정적으로 이뤄지고 있다. 아울러 각각의 영역에서 유토피아를 제시했고 또 소멸하기도 했다.

예컨대 일부 심리학자들은 과학적 방법을 바탕으로 아이들에게 원하는 직업적 능력을 심을 수 있는 길이 존재한다고 생각했다.

피아니스트가 되고 싶은 사람은 피아니스트가 될 수 있게 하고, 과학자가 되고 싶은 사람은 과학자로 만들 수 있는 '과학적' 길이 있다고 생각했다. 그러나 실패했다.

앞서 살펴본 경제학도 마찬가지다. 대학은 경기 침체를 피해 지속적 성장을 가능하게 하는 방법과 빈부 격차를 줄이는 해결책을 찾기 위해 고심해왔다. 케임브리지대 교수였던 케인즈의 방법론 등 이들이 제시한 여러 제안들이 실물 경제에 적용되기도 했다. 그러나 지금까지 살펴본 바대로 나름대로 장점은 있었으나, 인류가 지난 2500년간 꿈꿔온 유토피아의 갈증을 해소시키지는 못하고 있다.

누구도 정답을 찾지 못하면서 대학 캠퍼스에는 수천수만 가지의 나름 장점을 갖고 있는 이론들이 구석구석에서 생명력을 갖고 움직이고 있다. 너무 많은 이론과 복잡한 구조 때문에 대학 생활 4년간 다양한 이론들을 배우는 데에도 시간이 모자란다. 석학들이 최선을 다해 길을 찾고 있으나 여전히 답이 없다. 수없이 많은 학파들이 등장해 본인들의 방식으로 완벽한 이론에 도전했지만 모든 이론에서 한계는 명확하게 드러나고 있다.

사회과학자들이 경험하고 있는 현실이 이와 같다. 수없이 존재했던 실증적 분석은 나름대로 유용성이 있었으나 콩트를 포함해 초기 사회과학자들이 상상했던 과학적 법칙을 찾지는 못했다. 사실 자연과학도 실패한 상황에서 사회과학이 가능하기는 쉽지 않다.

2012년 영국 옥스퍼드대학은 '옴니솀블스omnishambles'를 그해의 단어로 택했다. 모든omni과 혼란 상태shambles의 합성어인 이 단어는 실수와 오산으로 세상 모든 게 무척 혼란스럽다는 뜻을 담고 있다.

평화로운 세상으로 가고자 플라톤은 아카데미아를 열었고, 계몽주의자는 수많은 대학을 세웠다. 그중 가장 전통 있는 곳 가운데 하나가 바로 옥스퍼드인데 그들이 두 손 들고 항복을 한 셈이다. 이제 석학들마저 수수께끼를 해결하는 게 힘들어진 시대가 됐음은 분명해 보인다. '진리는 나의 빛VERITAS LUXMEA'이라며 이데아의 패스파인더(탐색자)라고 믿었던 석학들이 스스로 고개를 흔드는 상황이 오늘 우리의 모습이 아닐까 싶다.

여기서 돌아봐야 할 한 가지는 자연과학과 사회과학을 분리한 생각의 출발점이다. 자연과 인간이 다르다는 생각 때문이었을 것이다. 그러나 자연과 인간은 결코 분리된 둘이 아니다. 인간 역시 자연의 일부일 뿐이다. 우주의 물리법칙에도, 아프리카 초원의 생태계에도, 서울의 사회생활 안에도, 공통된 자연의 로고스가 존재할 수밖에 없다. 이는 곧 천체를 탐구하는 물리학도, 생태계를 연구하는 생물학도, 서울의 도시 생활을 연구하는 사회학도 동일한 순리의 철학 안에 존재한다는 뜻이다. 전 우주를 관통하는 로고스를 이해하고 이를 바탕으로 자연과 인간의 삶이 어떤 미래를 만들어야 할지 고민하고 판단할 필요가 있다.

시시포스 Sisyphus의 유토피아

프랑스의 실존주의 철학자 알베르 카뮈Albert Camus가 소환한 그리스 신화 속 인물 시시포스는 크고 무거운 돌을 도달할 수 없는 정상을 향해 끊임없이 밀어 올려야 하는 형벌을 신으로부터 받은 자다. 고통스러운 과정을 거쳐 바위를 산 정상으로 밀어 올리면 바위는 아래로 굴러떨어진다. 시시포스는 다시 바위를 옮기기 위해 산 아래로 터벅터벅 걸어 내려가야 한다. 끝이 보이지 않는 무용한 노동만큼 가혹한 형벌은 없다고 생각한 신들이 내린 벌이었다. 카뮈는 시시포스가 자본주의 노동자를 닮았다고 표현한다.

그러나 노동자에게만 국한되지 않는다. 원래 인간 삶이 시시포스와 같다. 고대인들에게도 마찬가지이지 않았을까. 인간은 좋은 날이 계속되면서 궁극의 행복에 도달하기 바라지만 꼭 불행이 찾아온다. 농부는 풍년이 지속되면서 유토피아에 가기를 바라지만 꼭 흉년이 엄습한다. 풍년이 지속되더라도 가격이 폭락해 밭을 갈아엎어야 한다. 열심히 쌓아놓은 공든 탑이 영원하기를 바라지만 아차 하는 실수에 맥없이 무너지면서 희망이 꺾이기도 한다.

고대인들 역시 이 같은 일을 경험했을 테고, 그 이유가 신이 내린 형벌 때문이라고 생각했을 확률이 높다. 그 삶을 신화적으로 표현한 게 시시포스 신화라고 할 수 있다.

그런데 어느 순간 형벌 때문이 아닌 방법을 몰라 정상에 오르지 못했을 뿐이라고 생각하기 시작했다. 문제 해결의 희망이 생겼고, 플라톤을 비롯한 다양한 철학자들이 돌을 안전하게 정상에 올리는 방법을 제시했다. 인간 시시포스는 그 말을 믿고 새로운 꿈과 희망을 품게 되었고, 과거보다 열심히 돌을 굴렸다. 그러나 돌은 여전히 굴러떨어졌다. 카뮈의 좌절은 그 끝에서 또 한 명의 시시포스가 토해낸 절망이었으리라. 꿈에 대한 믿음이 강했던 이들의 눈에 이 같은 삶이 무척 부조리하다고 생각됐을 수밖에 없다. 고대인이 생각해 낸 신의 형벌과 크게 다르지 않다.

이제 인간 시시포스는 그 부조리함을 있는 그대로 마주해야 할 때가 되지 않았나 싶다. 시시포스의 삶을 형벌로 생각하던 신화의 시대에서, 그 형벌에서 벗어나는 법을 찾았던 유토피아 시대를 넘어 이제 시시포스의 삶을 있는 그대로 자연의 순리로 받아들이는 시대로 넘어갈 필요가 있다. 돌을 정상에 올리지 못하는 건 원래 우주의 근본 원리가 그런 탓이다.

신에게 부조리하다고 하소연해봤자 들어줄 신은 세상에 없다. 나아가 부조리함으로 따지자면 인간 먹잇감이 되기 위해 사육되는 닭이나 돼지가 더 심하다. 우리는 그래도 그들보다 덜 부조리한 삶을 살고 있다. 고 노무현 대통령이 세상을 떠나면서 마지막으로 읊조렸듯이 그저 모든 게 자연의 일부일 뿐이다.

거기서 우리는 새로운 출발을 할 수 있지 않을까. 있는 그대로 순리를 받아들이는 가운데 보다 현실적으로 오늘의 행복을 위해 살 수 있다. 이는 곧 상상 속 미래의 유토피아가 아닌 지금 이 순간의 삶을 보다 소중하게 생각하는 것이다. 유토피아보다 더 중요한 건 생존이기 때문이다. 생존의 길은 설계도가 아닌 현실 속 풍경화에 더 생생하게 존재할지도 모른다.

지금까지는 지난 2500년 동안 인간이 그렸던 유토피아의 설계도에 관한 내용을 다뤘다. 이제 인간의 유토피아를 저지시킨 힘이기도 한 자연 순리를 풍경화처럼 그려볼 차례다. 매일 눈에 보이는 현실이기에 현상너머 이데아를 통찰하는 대단한 직관력이 필요하지는 않다. 그저 물끄러미 바라보면 된다. 복잡한 설계도를 이해할 필요도 없다. 가벼운 마음으로 풍경을 즐기고 느끼는 마음이면 충분할 듯싶다.

제2부

동전의 뒷면

제3장

대립물의 균형

대립물의 균형이란

영화에선 예술성과 흥행성 사이에 대립이 존재한다. 둘을 전부 갖추는 게 쉽지 않다. 예술적 영화는 대중성이 부족해 흥행에 실패하는 경우가 빈번하다. 그 틈을 흥행성을 갖춘 영화가 파고든다. 그러나 흥행에 성공하더라도 말초신경만 자극할 뿐 남는 게 없다는 비난을 받는 경우가 많다. 둘의 균형을 어떻게 맞출 것인지에 대해 끊임없이 고민하게 된다.

세상 많은 일에서 이 같은 딜레마가 존재한다. 서양 철학은 이를 대립물의 통일이라는 변증법에 담았고, 동양에서는 음양의 조화라는 철학으로 설명한다. 본서는 대립물의 균형으로 표현한다. 프랑스 혁명이 자유, 평등, 박애를 슬로건으로 내세웠다면 순리의 철학은 자유, 평등, 균형을 슬로건으로 내걸 수 있다.

그렇다면 대립물의 균형은 무엇일까. 우선 완벽한 균형이 있다. 예술성과 흥행성을 동시에 갖춘 영화 같은 존재다. 감독들이 만들고 싶고 팬들은 보고 싶은 종류의 영화다. 문제는 극히 드물다는 점이다. 거의 돌연변이 수준이다. 상상 속에서 주로 존재한다.

평가의 기준점이 될 수는 있지만 모든 영화가 그 수준에 도달해야 한다고 윽박지르는 건 순리에서 벗어나는 일이다.

또 다른 균형은 헤겔과 마르크스로 대변되는 독일 철학이 강조했던 변증법적 통일이 있다. 한쪽이 주도해 다른 쪽을 장악함으로써 대립의 긴장 혹은 모순을 해소하고 균형을 찾는다. 남녀 사이 균형은 남성에게 여성이 복종함으로써 가능하다는 가부장적 사고도 여기에 들어간다. 남성은 정正이 되고 여성은 반反이 된다. 세계 각국이 독일에 복종함으로써 균형을 찾는다는 독일 나치즘이나 노동계급이 자본가를 제거해야 사회주의란 균형에 도달한다는 마르크스주의도 같은 방식을 추구했다.

이 같은 균형은 대립물을 선과 악으로 구분해 악을 제거해야 한다는 주장으로 발전하기도 한다. 악의 무리가 사라져야 균형이 잡힌다고 이야기한다. 극단적 민족주의나 인종주의가 여기에 들어간다. 종교적 극단주의도 크게 다르지 않다.

반면 순리의 철학에 담긴 대립물의 균형은 완벽한 균형이나 독일 변증법식 균형과는 다르다. 대립물의 균형을 자연 그 자체의 존재방식으로 이해한다. 아울러 변화를 대립물의 균형이 갖고 있는 가장 본질적인 특징으로 받아들인다. 즉, 대립물은 상호작용을 하며 끊임없이 변화한다. 예컨대 하늘의 달은 꽉 찬 보름들과 텅 빈 그믐달 두 개의 대립물이 균형을 이룬 상태다. 달은 보름달에서 그믐달로 그리고 또다시 보름달로 끊임없이 변화한다.

생명체의 삶도 다르지 않다. 예컨대 삶은 배고픔과 배부름이란 대립물의 균형이다. 둘 사이에서 끊임없이 변화한다. 배고플 때도 있고 배부를 때도 있지만 한 곳에 머무를 수는 없는 동시에 삶은 그 안의 어떤 지점에 존재하게 된다. 사자와 달리 인간은 냉장고를 발명해 언제나 배고프면 먹을 수 있는 음식을 보관할 수는 있다. 그러나 배고픔 자체를 넘어서거나 24시간 행복한 포만감을 느끼면서 살수는 없다.

그런 점에서 완벽한 균형은 대립물의 상호변화 과정에서 발생 가능한 한 가지 형태라고 할 수 있다. 유토피아적 몽상은 이 같은 극단적 형태가 영원하기를 꿈꾼 것이다. 흥행성과 예술성을 함께 갖춘 영화가 늘 있기를 바라는 것과 마찬가지다. 변증법적 통일로 표현된 균형도 마찬가지다. 이는 곧 1년 365일 보름달만 떠있기를 바라거나 배부른 포만감이 24시간 계속되기를 바라는 몽상과 같다. 지속적인 유지가 불가능하다. 대단한 행운이 찾아오는 순간도 마찬가지다. 1년 365일 유지가 불가능하다. 오히려 정 반대로 큰 고통이 다가올 확률이 높다.

에퀼리브리엄과 밸런스

대립물의 균형이 갖고 있는 첫 번째 특징은 변화와 균형의 역설적 결합이다. 영어로 에퀼리브리엄equilibrium이라고 표현한다. 경제학 교과서에 자주 등장한다. 정적인 상태가 아닌 동적인 상태에서 균형이 존재한다. 흔들리는 시계추 같기에 시계추 균형이라고 표현할 수 있다. 늘 중심에서 벗어난 상태 같지만 균형감이 유지될 뿐만 아니라 더하고 빼면 균형 값에 도달한다. 단 한 번도 균형 점에 머물지 않고 좌우로 흔들리더라도 평균을 구해 보면 균형을 유지하고 있음이 드러난다.

예컨대 평행봉이나 출렁다리를 걸을 때 완벽한 균형 상태보다 좌우로 흔들리면서 전진하게 된다. 불안해 보이지만 어쨌든 건너간다. 그리고 수학적으로 계산해보면 왼쪽으로 흔들린 양과 오른쪽으로 흔들린 양의 합이 엇비슷하고, 더하고 빼면 결국 평균적으로는 똑바로 전진한 수치에 가까운 값이 나온다. 끊임없이 좌우로 흔들리는 듯 보이지만 결과적으로 균형을 유지한 상태로 진행된다.

사실 우리가 평지를 똑바로 걷는다고 말할 때도 크게 다르지 않을 듯싶다. 실상은 좌우로 흔들리면서 걷는데, 평균적으로 똑바로 걷게 된다. 배고픈 상태와 배부른 상태도 마찬가지다. 끊임없이 둘 사이를 오가지만 평균적으로 보면 중간의 균형적인 상태가 이어지게 된다.

또 다른 특징은 밸런스balance로 표현된다. 양쪽의 힘이 비슷한 크기로 팽팽하게 맞서는 측면을 뜻한다. 국제 관계학의 사실주의는 강대국 간 힘이 밸런스를 유지할 때 세계평화가 가능하다고 말한다. 미국과 소련 또는 미국과 중국 등 두 개의 강대국이 엇비슷한 힘의 크기로 긴장감을 유지할 때 국제 사회는 오히려 평화로울 수 있다는 이야기다.

그렇다면 한쪽으로 치우친 경우 밸런스가 깨졌다고 할 수 있을까. 예컨대 미국과 중국의 대립이 미국의 승리로 끝난다면 밸런스가 깨진 걸까. 보름달이 되는 순간 달의 밸런스는 무너진 걸까. 그렇지 않다.

보이지 않는 영역이 있기 때문이다. 앞서 1장에서 잠시 보았듯이 같은 크기의 반작용 에너지가 시간에 쌓여 균형을 맞춘다. 이게 이 책이 어쩌면 새롭게 이야기하는 유일한 내용일지도 모른다. 아울러 독일 변증법이 간과한 부분이라고도 할 수 있다. 실상은 고대 그리스 철학자 헤라클레이토스가 처음 변증법을 이야기할 때 말했던 메커니즘과 유사하다고도 할 수 있지 않을까.

예컨대 미국이 세계 최고의 슈퍼파워가 되는 순간 그를 다시 원점으로 되돌릴 반작용 에너지가 같은 크기로 보이지 않는 시간의 세계에 저장된다. 즉 최고가 되는 순간 원점으로 돌릴 에너지가 동시에 생기는 것이다. 좌우 밸런스가 더하기 빼기 제로가 된다. 그리고 그것이 현실화하면서 소련 붕괴 후 독보적이었던 미국이 또다시 중국과 대립 관계에 접어들게 된다. 대립물을 균형점에 위치시키는 반작용 에너지가 현실이 된 것이다. 역사 속에서 그 사례는 물론 부지기수다. 2020년 총선에서 여당인 민주당이 압승을 하고도 기쁘지 못했던 이유 역시 보이지 않지만 짐작할 수 있는 반작용이 밸런스를 맞춰놓고 있기에 내려갈 일만 남았다는 사실을 지난 2004년 선거의 압승 경험을 통해 인지하고 있었던 탓이다.

물리학이 말하는 위치에너지 역시 이 같은 반작용 에너지의 모습을 설명했다고 할 수 있다. 역도 선수가 힘들게 들어 올린 혹은 선반 위에 올려진 역기는 가만히 있는 듯 보이지만 그 안에는 올린 힘과 같은 크기의 위치에너지가 밸런스를 유지한다고 물리학은 말한다. 그 위치에너지가 현실이 되면 역기는 땅으로 즉 원래 위치로 떨어진다.

인간 삶도 물리학이 증명한 물질의 세계와 다르지 않다. 높은 지위에 오르는 순간 모든 게 '끝'이 아니다. 겉으로는 세상을 지배한 듯 보이지만 그 안에는 상황을 다시 원점으로 돌릴 위치에너지가 좌우 밸런스를 맞추면서 생성된다. 더 높이 오를수록 위치에너지는 더 커진다. 그리고 어느 순간 현실이 되면서 높이 오른 사람은 아래로 내려온다. 높이 오른 사람이 내려가지 않겠다고 저항하는 순간에도 위치에너지는 결코 사라지지 않고 밸런스를 맞춘다. 이게 자연이 지난 수많은 인간 역사 속에서 보여주었던 풍경화다.

대단한 무엇이라기보다 일상에서 확인 가능한 구체적 현실의 모습이다. 그래서 우리는 대체적으로 이를 알고 있고 또 실천하고 있기도 하다. 뿌린 만큼 거둔다거나 인과응보와 같은 말 안에는 이 같은 순리에 대한 경험이 담겨있다.

제 2부에는 이 같은 순리의 다양한 풍경화가 스토리로 담겨있다. 21세기 언어로 바꾸자면 풍경사진이 더 합당할 듯도 싶다. 그 사진들이 예쁘고 즐겁게 보였으면 좋겠다. 아울러 풍경사진은 유토피아에 관한 설계도처럼 머리를 쥐어짜며 이해할 필요가 없다. 그래서 때론 평범한 집 밥처럼 보일 수 있는데, 어쩌면 제 2부는 그 집 밥이 얼마나 소중한지에 관한 내용일 지도 모르겠다. 그럼 먹는 걸로 시작해보자.

" 시계추 균형(에퀼리브리엄)의 풍경화 "

균형 잡힌 식사를 위해 사람들은 채소에 고기를 싸서 먹는다. 대립물을 동시에 취하는 것인데, 동시에 취하는 게 어려울 때가 많다. 예술성과 대중성이 함께 갖춰진 영화를 접하기 어려운 것처럼 말이다. 그래도 균형을 잡을 수 있다. 예컨대 예술성 있는 영화와 대중성 있는 영화를 번갈아 보는 것이다.

아내는 스파게티를 남편은 된장찌개를 좋아한다고 해서 부부가 동시에 둘을 만들어 먹지는 잘 않는다. 대신 점심은 스파게티, 저녁은 된장찌개를 먹음으로써 균형을 맞춘다. 남편이 좋아하는 된장찌개만 주야장천 먹고 스파게티는 아내 생일에 딱 한 번 먹는다면 가정의 균형과 평화가 깨질 가능성이 크다.

자동차에는 브레이크와 액셀, 두 개의 페달이 있다. 둘을 동시에 밟을 수는 없다. 필요에 따라 번갈아 밟게 된다. 스피드를 즐기고자 할 땐 액셀을 더 많이 밟는다. 어린이 보호구역에 들어서면 브레이크에 발이 더 자주 올라간다. 상황에 따라 엑셀에 대한 의존도가 높아지기도 하고 때론 브레이크를 자주 사용하지만 궁극적으로 속도를 올리고 줄이는 양은 더하기 빼기 제로가 된다.

시계추 균형의 적용 방식이 이와 같다. 대립물 양쪽을 오가면서 결과적으로 균형을 유지한다. 끊임없이 반대 진영을 오가지만 동시에 더하기, 빼기 제로가 된다. 이게 바로 자연의 근본 원리다. 사실 아주 어려운 무엇이 아니다. 삶의 풍경에서 늘 접하는 것들이다. 따라서 대단히 공부를 많이 하거나 위대한 통찰력을 가진 석학만이 알 수 있는 건 아니다. 따뜻한 날이 있으면 추운 날이 있고, 기쁜 날이 있으면 슬픈 날이 생기는 이치와 다를 바 없으며 모든 사람이 피부로 느끼는 삶이다.

이 같은 삶 안에서 문득 문득 우리는 따뜻함과 기쁨만이 계속됐으면 좋겠다는 생각도 하게 된다. 이것 역시도 어쩌면 자연의 순리가 만들어낸 몽상일지도 모른다. 거기서 유토피아에 대한 꿈이 탄생했다고도 할 수 있다. 신기루 같은 것이었다.

경제정책의 방향성을 이야기할 때 성장 우선과 분배 우선이란 대립물이 존재한다. 사실 둘 다 성장과 분배를 만족시킬 수 있다고 말하기는 한다. 성장 우선은 기업이 부자가 되면 가난한 사람들에게도 떨어지는 게 있다고 말한다. 근로자의 임금이 상승할 뿐만 아니라 세금이 늘어 복지정책도 확대할 수 있다고 이야기한다. 전혀 틀린 말은 아니다. 그러나 사장님의 주머니가 커가는 속도와 근로자의 주머니가 불어나는 속도에는 분명한 차이가 있다.

분배 우선은 일단 국가 돈으로 근로자의 소득을 늘려놓으면 소비가 증가해 경제가 성장하고 기업이 활성화된다는 논리를 펼친다. 국가는 뿌린 돈보다 더 많은 돈을 세금으로 회수할 수 있다. 이 정책은 20세기 초반 유토피아로 가는 특급열차라고 생각돼 많은 국가가 올라탔지만 복지병이란 문제를 만들면서 폐기됐다.

둘 다 결국 실패했고 문제가 있었지만 사실 브레이크와 엑셀로 차가 움직이듯이 번갈아 택함으로써 균형을 맞춰왔다. 경제 발전이 필요한 상황에서 각국은 성장 우선 정책을 취한다. 어쩔 수 없이 빈부 격차 증가라는 문제가 불거지고 사회적 갈등이 심해진다. 성장 정책이 오히려 성장에 걸림돌로 작용하기 시작한다. 경제가 평균대에서 쓰러질 수 있다는 인식이 팽배해진다.

그때 분배 우선 정책이 시행된다. 불공정한 분배 구조를 해소함으로써 근로자의 박탈감을 해소하고 소비 능력도 향상시킨다. 근로 의욕도 증가한다. 소비가 늘면서 기업 생산도 따라서 증가하고 국가도 더 많은 세금을 거둬들이는 선순환이 발생한다.

그러다 어느 순간 높은 수준의 복지 탓에 놀고먹는 이들이 늘면서 경제가 또다시 휘청거린다. 이번엔 평균대 반대편으로 넘어질 가능성이 커진다. 왼편으로 갔던 정책이 오른편으로 움직인다. 분배 정책을 줄이고 성장 우선 정책이 도입되면서 균형감을 유지한다. 자유주의 - 케인즈 주의- 신자유주의로 진행됐던 세계 경제가 이 같은 길을 걸었다. 결과적으로 브레이크와 페달을 동시에 밟을 수 없지만, 번갈아 밟으면서 균형을 유지한 것과 다를 바 없다. 성장 정책과 분배 정책을 동시에 시행할 수 없지만, 번갈아 실시함으로써 균형감을 유지한다.

그런데 사실 케인즈파와 신자유주의파가 상호 협력해 이 같은 결과를 만든 게 아니다. 둘은 자신이 옳고 상대는 틀렸다는 생각이 강했다. 본인들의 철학이 세상을 지배해야 유토피아에 갈 수 있다며 사람들을 현혹했다. 지금도 일부는 서로 적대적인 자세를 취하고 있다. 그런데 순리는 대립되는 둘을 번갈아 등장시키면서 균형감을 유지한다. 이게 곧 삶의 풍경이라고 할 수 있다.

이렇듯 흔들림을 반복하면서 조금씩 발전해간다고 생각하는 이들도 있다. 예컨대 경제는 상승할 때도 있고 후퇴할 때도 있지만 결국 장기적으로 좌측 하단에서 우측 상단으로 비행기가 이륙하듯이 떠오른다고 생각한다. 국가중심의 케인즈주의와 시장 중심의 신자유주의를 번갈아 반복하면서 지속적인 성장이 가능할 수 있다는 생각도 하게 된다. 아울러 현재까지는 비슷한 모습을 보였다고도 할 수도 있다. 그러나 자연의 순리이거나 로고스로 증명된 적은 없다. 오히려 높이 오를수록 그에 따른 위치 에너지가 커진다. 깊은 계곡으로 추락할 가능성이 언제나 존재한다. 이 같은 가능성을 진지하게 받아들일 때 오히려 현재의 비행 상태를 잘 유지할 확률이 높지 않을까.

기업 안에는 경영진과 근로자라는 대립물이 존재한다. 둘의 생
각은 대립적일 수밖에 없다. 경영진은 인건비를 아껴야 하고 근
로자는 본인 소득을 늘려야 한다. 경영진은 이윤을 중심에 둘 수
밖에 없고 근로자는 본인 소득을 가운데 놓고 생각한다. 각자의
주장을 정답처럼 이야기하지만 실상 본인 입장이다. 둘 다 100%
정답도 오답도 아니다.

둘에겐 분명 본인들이 기업 안에서 우월적 지위를 갖고 싶은 마
음이 있다. 아울러 경영진이 헤게모니를 장악할 때가 있고 노조
가 끌고 가는 순간도 있다. 시계추가 한쪽으로 쏠린다. 그럼에도
불구하고 둘은 시소 반대쪽에서 서로 마주 보는 사이로 존재한
다. 둘이 잘 협력해 노사안정을 해도 좋지만 팽팽한 긴장 상태에
있다고 해서 꼭 나쁜 것만도 아니다. 오히려 상대를 제압하려고
무리한 시도를 하거나 혹은 상대를 마음대로 주무르는 상황이 더
위험할 수도 있다.

예전 농부들은 미꾸라지가 사는 논바닥에 천적인 메기를 풀어 놓았다고 한다. 언뜻 보기에 미꾸라지가 다 잡아먹힐 것 같은데, 오히려 튼튼해졌다. 메기를 피해 다니면서 미꾸라지들이 열심히 운동하고 몸집을 키웠기 때문이다. 실한 미꾸라지를 먹은 메기 역시 탱탱해진다. 삼성그룹 이건희 회장은 이 같은 방식을 통해 삼성을 세계 초일류 기업으로 만들었다고 한다. 그 안에 담겨있던 게 대립된 관계의 밸런스다.

대립물을 제압하면 좋겠다는 생각을 하지만 그 순간 오히려 기존 밸런스가 무너져 본인의 지위까지 위협받는 경우도 자주 보게 된다. 사슴이 불쌍하다고 초원에서 사자를 몰아내면 생태계가 파괴되면서 사슴까지 살기 어려워지고 초원에는 새로운 밸런스가 만들어진다. 혹은 사라진 사자보다 더 무서운 놈들이 나타날 수도 있다. 의사는 병이 사라지는 세상을 꿈꾸지만 진짜 병이 사라지면 의사 역시 사라진다.

오히려 눈에 가시 같은 그들과 공존하는 게 더 이득이 될 때가 있다. 삼국시대 위나라의 책사였던 사마의는 그의 역사적 라이벌인 촉나라 제갈공명을 생포하기 직전까지 가지만 살려준다. 대립물의 반대편인 제갈공명이 사라질 경우 본인 역시 무참하게 숙청될 가능성이 높다는 사실을 알았기 때문이리라.

조직에는 두 개 이상의 파벌이 있는 경우가 많다. 상대를 제거하면 조직이 나아질 것으로 생각한다. 온갖 방법을 동원해 없애려고 시도하는 예도 많다. 그러나 대부분 성공하지 못하고 성공하더라도 대체로 새로운 대립 관계가 만들어진다. 대립물 제거가 순리가 아님을 이해할 필요가 있다.

당장 착한 일을 했다고 나에게 복이 오지 않는다는 걸 우리는 안다. 반대로 착한 일을 했던 사람은 바보처럼 손해를 보고, 이기적인 사람은 얄밉게도 이득을 보는 일도 목격하게 된다. 나쁜 일을 하는 놈은 잘살고 착하게 살아가는 사람은 손해를 본다며 세상이 불합리하다고 푸념을 하기도 한다. 그래도 이상하게 대다수는 푸념에 그칠 뿐 얄미운 행위를 잘 따라하지는 않는다.

정말 그게 이득이 된다면 푸념을 하기보다 입 다물고 이득이 되는 행위를 하지 않을까. 그런데 푸념에 그치는 이유는 궁극적으로는 밸런스를 이룬다는 사실을 직관적으로 알기 때문이다. 당장 손해를 보는 행위가 결과적으로 보상을 받고, 당장 부당한 이득을 챙긴 행위는 결국 그만큼의 대가를 지불한다는 사실을 경험 속에서 보았고 직관적으로 이해한다. 현실의 운동에너지와 시간속 위치에너지가 균형을 이룬다는 사실을 깨닫게 된다. 그래서 가능하면 남들에게 손해를 주지 않고 살려고 한다. 남들 눈에 피눈물 흘리게 하면 시간이 지난 뒤 내 눈에서도 피눈물이 난다는 걸 알기 때문이다. 플러스마이너스 제로이다. 지금 당장 조금 더 이득을 얻기 위해 후일의 불편함을 만들 이유가 없다. 따라서 대개의 경우 얄밉고 이기적인 행위를 비난할 뿐 본받지는 않는다.

균형의 4가지 국면

균형에는 4가지 국면이 있다. 대립물 양쪽이 모두 강하거나 약한 경우가 우선 존재한다. 강대국 둘이 비슷한 힘을 맞대고 있으면 강한 상태에서 균형이 잡힌다. 반면 둘 다 약한 상태에서 균형을 맞추는 경우도 있다. 경기가 활력을 잃어 생산량과 소비량이 함께 줄면 약한 상태에서 균형이 잡힌다. 한쪽이 강한 균형 상태도 존재한다. 왼쪽이 강한 경우도 있고 오른쪽이 강한 경우도 있다. 역시 두 가지다. 대립물의 균형은 이 같은 4개의 국면을 끊임없이 오고가면서 변화를 반복한다. 4계절이 있는 것과 비슷한 맥락이다.

전염병 유행으로 마스크 수요가 증가했으나 생산량이 그대로면 사고자 하는 사람이 판매되는 양보다 많은 상황이 발생한다(수요가 강한 경우). 가격이 오르면서 마스크 생산량이 증가하게 되고 이후 수요와 공급이 균형을 이룬다(강한 상태에서 균형). 그러다 전염병이 사라져 수요가 줄면 이번엔 공급량이 수요를 초과하는 국면에 접어든다(공급이 강한 경우). 가격이 내려가면서 공급량이 줄게 되고 따라서 수요와 공급이 모두 줄어든 상태에서 균형이 유지된다(약한 상태의 균형). 시장에서 거래되는 모든 제품은 이렇듯 균형의 4분면을 이동하면서 수요와 공급 그리고 가격을 조절한다. 인생도 마찬가지 아닐까.

예컨대 인생의 성공 요소는 운과 실력 두 가지로 요약된다. 둘은 삶의 성공 혹은 실패와 관련된 대립물이고 균형 안에 존재하기 때문에 운과 실력으로 사안을 평가하는 경우도 많다. 실력이 좋았지만 운이 없었다거나, 실력보다 운이 좋았다는 식이다. 실력이 좋아도 운이 따르지 않으면 성과를 거두기 어려운 경우도 자주 목격된다.

그 가운데 실력과 운이 모두 좋은 상태는 강한 균형이라고 할 수 있다. 실력 발휘도 못 하고 운도 따르지 않을 때는 약한 균형이다. 반면 실력 이상으로 운이 따르는 경우가 있고, 실력만큼 운이 따르지 않는 경우도 있다. 한 쪽이 강한 균형 상태다.

우리는 실력보다 운이 좋은 행운의 상태가 평생 지속하기를 꿈꾼다. 그러나 현실 가능성은 지극히 낮다. 4개의 국면을 좌우상하로 오가면서 흘러가는 게 인생이다. 운과 실력이 모두 좋았다가도 갑작스럽게 행운이 사라지는 상황에 빠진다. 이후 의기소침한 시간이 지속하는데, 그러다 있는 실력조차 발휘 못 한다. 슬럼프다. 최악의 좌절감에 끝이 보이지 않는 어둠으로 빠져든다. 그러다 갑작스럽게 예기치 않는 행운이 찾아오고 언제 그랬냐는 듯

환한 태양이 떠오른다. 이게 인생 모습이고 이걸 바탕으로 각각의 인생길에 대한 조언을 담고 있는 게 내가 생각한 동양의 고전 〈주역〉이다.

게임이론인 '범죄자의 딜레마'가 분석 틀로 각광 받는 이유도 대립물의 균형을 현실감 있게 보여주기 때문이지 않을까 싶다. 미국의 경우 범죄 자백을 형량 감소와 협상할 수 있기에 가능한 시나리오다. 각기 다른 방에서 조사를 받는 범인은 둘 다 자백을 하지 않으면 무죄로 석방될 수 있다. 강한 균형 상태를 유지했다고 볼 수 있다. 반면 한 명이 자백하고 다른 한 명이 하지 않을 경우 자백한 사람은 징역 1년, 그렇지 않은 사람은 징역 4년을 받는다. 반면 둘 다 자백을 할 경우 각각 2년씩을 감옥에서 살아야 한다. 약한 균형이다.

과연 나는 어떤 선택을 할까. 상대에 대한 굳은 믿음이 있다면 자백하지 않는 길을 택할 가능성이 크다. 둘 다 같은 마음이라면 강한 균형을 유지할 수 있다. 반면 마음이 흔들리면 다른 국면에 접어들게 된다. 상대가 자백할 가능성이 크다는 생각이 들면 나도 자백하는 게 더 낫다.

운과 실력은 나의 내면에 존재하는 대립물이고, 범죄자의 딜레마 혹은 직장 파벌 등은 상대와의 관계에 대한 대립이다. 이렇듯 대립물의 균형은 나와 상대, 그리고 나의 내면 두 가지를 동시에 염두에 둘 필요가 있다.

예컨대 운 좋게 실력보다 높은 자리에 올랐다고 해보자. 실력 이상으로 운이 따른 상황이기 때문에 운이 강한 상태의 균형이다. 너무 행복하다. 거기에 계속 머물고 싶은 생각이 든다. 행복하게 있을 수 있다면 그곳이 곧 유토피아다. 그러나 사실 불가능하다.

그 순간 그걸 원점으로 끌어내릴 반작용 에너지가 생기는 한편 사람들은 끌려 내려가지 않기 위해 강한 힘으로 버틴다. 끌어 내리려는 반작용과 버티는 힘이 같은 크기로 대립물의 균형을 이룬다. 반작용을 이기지 못해 무너질 수도 있고, 끝까지 버틸 수도 있다. 무너진다면 운과 실력 모두 약한 상태로 변할 수 있고, 버틴다면 운과 실력이 동시에 강해진 상태가 될 수 있다.

이 같은 개인적 변화는 동시에 경쟁 상대 등과 상호 작용한다. 내가 운 좋게 높은 자리에 올랐다면, 누군가는 실력보다 운이 따르지 않는 상태에 빠졌을 수 있다. 나를 원점으로 끌어 내리려는 반작용 에너지는 그들을 부추겨 나의 허점을 찾아 나서도록 만든다. 이렇듯 대립물의 균형은 다양한 변화를 만들면서 우리가 사는 세상은 움직이고 있다.

대립물의 균형과 배후조종자 반작용

작용 반작용은 대립물의 균형을 만드는 자연의 근본 원리다. 그 메커니즘은 제1장에서 본 바와 같이 주먹 때리기와 동전 던지기를 연상하면 간단히 이해 가능하다. 요약하자면 내가 주먹으로 책상을 치는 순간(작용) 책상은 동시에 같은 크기의 힘으로 내 주먹을 때린다(반작용). 뉴턴의 이야기다. 아울러 동전을 던져 앞면이 나오는 순간 뒷면이 나올 반작용 에너지가 만들어진다. 그리고 시간에 축적된 에너지는 이후 현실이 되면서 뒷면을 만들고 앞뒷면 등장 확률은 50퍼센트로 균등해진다. 이건 나의 주장이다.

그런데 작용 반작용이 대립물의 균형을 만드는 과정이 간단히 포착되지 않는 경우도 많다. 예컨대 내가 한 지역의 권력자가 됐다고 해보자. 그럼 그걸 원래 위치로 돌릴 반작용 에너지가 생긴다. 그 에너지가 저승사자처럼 직접 등장해 멱살을 잡아 끌어내리면 간단하다. 하지만 반작용 에너지는 권력자의 성격을 거만하게 변질시키는 데 사용된다. 앤서니 도킨스가 통찰한 이기적 유전자와 같다고 해야 할까. 일종의 배후조종이다.

이후 오만해진 보스에 대해 불만을 키운 이들이 새로운 조직을 결성한 뒤 대립물을 형성한다. 그 힘이 원래 보스만큼 강해지면 강한 상태의 대립이 발생한다. 둘 중 하나가 이기거나 혹은 둘 다 망하는 결과가 올 수도 있다. 이게 바로 작용 반작용에 근거해 대립물의 균형이 만들어지는 과정이다. 이런 경우 분열의 원인은 오만해진 보스의 태도가 된다. 보스가 초심을 잃지 않았다면 분열되는 일은 없었을 수 있다고 생각된다. 시야에 없는 배후조정자를 원인으로 끄집어내는 건 쉽지 않다.

아울러 눈에 보이는 곳에서 원인을 찾는 게 더 필요한 경우도 많다. 따라서 새롭게 등장한 보스는 반작용의 과정을 분석하는 대신 과거 보스를 타산지석으로 삼아 오만함을 절제해 반작용을 견딘다. 그 순간 작용과 반작용은 강한 균형을 이룬다.(그런 점에서 태평성대는 왕이 권력을 극도로 절제함으로써 강한 반작용을 강함 힘으로 버티는 왕으로서는 무척 고통스러운 강한 균형의 시간일 수 있다.)

식당 주인이 거스름돈으로 만 원을 더 줬고, 모르는 척 호주머니에 슬쩍 챙긴다. 돈을 벌었다고 생각하지만 동시에 반작용 에너지가 생긴다. 이후 회사에 돌아와 커피를 타려는 순간 한 달 전 만 원 주고 산 머그컵이 아차 실수로 깨진다. 불현듯 슬쩍 챙긴 만원이 깨진 머그컵으로 빠져나가는 느낌을 사람들은 받는다. 물론 둘 사이에 직접적인 인과관계는 없다. 그러나 사람들은 직감적으로 무언가 내 손을 흔들었음을 인식한다. 이게 바로 반작용의 배후조종성이다.

앞서 일찍 일어나는 참새가 먹이를 먹는다는 말이 오답이 되는 과정을 이야기했었다. 매가 일찍 일어나는 상황까지도 예측을 했어야 한다면서, 현자의 낮은 통찰력을 사람들은 비판한다. 그러나 현자는 정답을 정확히 이야기했다. 다만 정답이 강해질수록 그걸 무너뜨리는 에너지가 커지고, 그 에너지가 천적인 매도 빨리 일어나게 만드는 순리의 배후 조종이 있었을 뿐이다.

작용과 반작용의 로고스 이해가 어려운 또 다른 측면은 행위의 대상을 함께 봐야 한다는 점 때문이다. 행위는 상대와의 연관 속에서 형성되기에 입체적 사고가 필요하다. 특히 반작용은 모든 걸 원래대로 돌리는 과정에서 인간 의도와 반대로 움직이는 경우가 많다. 착한 행위는 반작용으로 인해 상대를 악하게 만들 수 있고, 나의 악한 행위는 상대에게 은총이 될 수 있다. 예컨대 유격장 교관들은 훈련 중 거의 악마 수준이다. 그러나 그들의 악한 행위는 전쟁에서 병사를 살리는 반작용 에너지의 원천이 된다.

이 같은 로고스의 배후 조종적이고 반대 성향적인 특징 때문에 사람들은 현상 이면에 전혀 다른 색깔의 불변 진리가 숨어있고, 그걸 깨달으면 현실을 통제할 수 있다고 믿었다. 이게 곧 이데아이자 진리였다. 그러나 로고스를 이해해도 변화를 마음대로 할 수가 없다. 반작용은 통제밖에 존재하기 때문이다.

" 정치적 균형으로서의 정권 교체 "

독재가 반작용으로 인해 태어나고 무너지는 걸 반복하기보다 아예 대립물의 균형 상태를 시작부터 제도화한 게 자유민주주의 정치 시스템이다. 따라서 여야가 나뉘어 팽팽한 긴장 속에 대립한다. 서로 죽일 듯 싸우지만 실상 논바닥 메기와 미꾸라지처럼 그 안에서 건강함을 유지한다.

아울러 정권 교체를 통해 흐르는 균형을 만들어 낸다. 분배가 필요하다 싶으면 이에 우호적인 정당이 집권할 확률이 높아지고, 성장이 우선시 될 땐 반대 진영이 집권한다. 변화를 끌어내는 이들은 유권자다. 그들의 선택에 따라 집권세력이 바뀐다. 그런 점에서 정치인과 유권자 사이에서도 힘의 균형이 존재한다.

특히 유권자 중에는 시계추처럼 좌우로 움직이는 스윙보트 층이 있다. 노무현을 찍었다가 다음 대선에선 반대당인 이명박에게 투표한다. 특정 세력의 장악보다 좌우 균형이 더 중요하다고 생각하기 때문이다. 이로 인해 정권 교체가 발생하면서 균형을 맞춘다.

대립하는 두 진영 모두 국민적 지지를 얻지 못하는 상태일 경우 약한 상태의 균형이라고 할 수 있는데, 유권자는 제3세력을 택하기도 한다. 제3세력은 빠르게 양쪽 가운데 한쪽 자리를 장악해야 한다. 그렇지 못하면 약한 균형에 있던 대립 세력만 강하게 만든 뒤 공중분해 될 가능성이 크다. 제3세력으로 스포트라이트를 받으면서 등장했지만, 자리를 못 잡아 사라진 경우가 그래서 많다.

아울러 일을 잘했다고 정권 연장이 가능한 게 아님을 이해할 필요도 있다. 본인이 잘했든 못했든 관계없이 자연은 균형점을 맞춘다. 미 민주당의 버락 오바마 대통령은 퇴임하는 날까지 50%가 넘는 지지율을 기록했다. 그럼에도 불구하고 다음 선거에서 미국 우선주의를 강조한 공화당의 도널드 트럼프가 대통령에 당선됐다.

오바마가 잘한 건 알겠으나, 이제 다른 밥을 먹고 싶은 게 미국 유권자의 생각이었다. 오바마의 모범생 같은 정답보다 뭔가 독특한 특식을 즐기고 싶은 마음이 생긴 것이다. 이 같은 마음의 씨앗을 뿌리고 물을 줘 열매를 맺게 한 게 반작용 에너지다. 미국인의 선택이 비이성적이란 비난도 의미가 없다. 자연의 순리인 탓이다.

같은 맥락에서 여당이 일을 망치도록 훼방을 잘 놓아야 야당이 집권할 수 있다는 생각도, 착각이다. 상대가 잘해도 정권이 바뀔 수 있다. 고기를 실컷 먹어도 야채가 그리운 법이다. 견제는 충실히 해야 하지만 사냥개처럼 물어뜯는 일이 야당의 본업이 될 수는 없다. 맛있는 야채 샐러드 만드는 방법을 연구하는 게 더 필요하다.

그런 점에서 5년 단임의 우리나라 대통령 임기제는 장점이 있다. 대통령 능력을 펼칠 수 있는 시간으로 부족하다고 의견도 있지만, 대통령이 하고 싶은 걸 다 할 수 있을 만큼의 임기 보장이 민주주의의 중요한 포인트는 아니다. 오히려 재선을 위해 정책적 왜곡이 발생할 가능성이 크고 장기 집권에 따른 권력 부패 문제도 더 많이 불거질 수 있다. 권력이 고이지 않고 흐르도록 하는 시스템이 더 중요한데, 이런 점에서 5년 단임제는 장점이 있다. 권력이 자연스럽게 변화하도록 해준다. 물론 5년 단임제가 정답은 아니다. 그렇다고 반드시 바꿔야 할 제도도 아니다.

삼권 분립 역시 상호 견제를 바탕으로 권력의 균형감을 유지하는 장치다. 특히 대통령 중심제의 경우 대통령 권한이 막강해질 개연성이 언제나 존재한다. 삼권 분립은 이를 막기 위해 만들어진 장치라고 할 수 있다. 대통령 입장에서야 국회가 성가신 존재로 느껴질 수밖에 없다. 없었으면 하는 생각이 들 수도 있다. 역대 대통령 중에는 국회를 쥐고 흔들기 위해 애를 썼던 이들도 많았다. 그래서 더 좋은 세상을 경험하는 경우보다 그렇지 못했던 경우가 더 많았다. 역시 반작용의 배후조종 탓이다. 참고 견디는 게 최선일 수 있다.

" 대립물의 균형과 제3자의 길 "

질량 보존의 법칙, 에너지 보존의 법칙에 따라 강한 상태로 대립하던 양측이 약한 균형에 빠질 경우 상당량의 에너지는 어디론가 옮겨가야 한다. 그래서 등장하는 게 제3세력이다. 제3세력은 대립하던 양자가 손실한 에너지를 흡수하면서 새로운 강자가 되기도 한다.

고대 그리스 양대 강국 아테네와 스파르타는 펠로폰네소스 전쟁 등으로 힘을 소진한 뒤 약한 상태의 균형에 빠진다. 그 틈을 파고든 사람이 이탈리아 북부에 있던 마케도니아의 알렉산더 대왕이다. 전쟁으로 폐허가 된 그리스를 집어삼킨 뒤 페르시아까지 진출한다.

18세기 말 19세기 초 유럽 대륙은 종교와 민족주의 그리고 절대왕권과 사회주의가 뒤엉켜 합종연횡하며 전쟁에 휩싸였다. 결국, 프랑스와 신성로마제국을 축으로 한 유럽의 대립은 모든 국가를 약한 상태의 균형에 빠트린다. 그 틈을 섬나라 영국이 파고든다. 대륙 국가들이 힘을 소진한 사이 영해권을 장악하며 세계

무역을 주도하고 대영제국을 건설했다.

이후 두 번의 세계 대전이 벌어지는 동안에는 미국이 제3세력이 된다. 외교적 고립주의를 택한 미국은 일본이 진주만 폭격을 할 때까지 유럽 전쟁에 불개입을 선언한 상태에서 무기 판매로 경제력을 키운다. 이후 전쟁 막판 구원투수로 등장해 연합국의 승리를 이끌며 세계 최강국이 된다.

세계 대전이 끝난 뒤에는 미국과 소련이 극한 대립을 하는 가운데, 패전국 일본과 독일이 그 틈을 헤집고 부활한다. 특히 일본은 세계 2위 경제 대국에 올라서며 미국을 위협할 만큼 성장한다. 미국과 소련의 대립이 더 치열해졌으면 일본은 더 성장했을 가능성이 크다. 그러나 핵무기를 머리에 이고 전쟁을 하는 것은 어려웠다. 완벽히 약한 균형에 빠지기 전 미국과 소련은 냉전을 종식하며 화해 분위기에 돌입했고, 일본의 제3자로서 이득도 끝이 난다.

20세기 이후 강한 균형 상태의 두 국가가 상대를 완전히 제압할 가능성은 점점 떨어졌으며, 이런 상황에서 상대를 굴복시키기 위해 대립할 경우 둘 다 약한 균형에 빠지고, 결국 이득은 제3세력에 돌아가게 될 가능성이 높다. 즉, 싸워봤자 남 좋은 일만 시킬 뿐이다. 고래 싸움에 새우 등만 살찐다.

이 같은 분석은 현대 미국과 중국의 무역 전쟁에도 그대로 적용 가능하다. 죽기 살기로 싸우면 결국 둘은 약한 균형에 도달하고 이득은 제3세력이 볼 가능성이 크다. 따라서 둘은 적당한 견제를 바탕으로 균형을 유지하는 게 상책이다. 아울러 둘의 대립이 격화한다면 과거 미국이 택했던 것과 같은 고립주의가 우리에게 최선의 길이 될 가능성이 크다.

민주적 정당 시스템에서도 제3세력은 빈번하게 등장하며 주목을 끈다. 견제와 균형이 유지되는 가운데 민주주의는 대체로 양당 구도를 형성한다. 다당제여도 집권세력과 반대 세력으로 나뉜다. 여기서 제3세력은 균형추 역할을 할 수 있다. 소위 캐스팅 보트다. 시소가 한쪽으로 기우는 걸 막음으로써 균형을 맞추는 역할을 하며 본인 자리를 차지할 수 있다. 이런 점에서 양대 세력의 한쪽에 붙어 공조하는 정당은 제3세력이라고 부를 수 없다.

그러다 기회가 생길 때 한 자리를 장악할 수 있다. 그 자리는 특히 대립하는 두 정치 세력이 죽기 살기로 싸울 때 만들어질 가능성이 크다.

역사상 제3세력에게 주어질 기회를 가장 적절하게 활용한 인물 가운데 한 명이 제갈공명이다. 그는 유비에게 세상을 셋으로 나누는 '천하삼분지계天下三分之計'란 그림을 그려준다. 손권의 오나라와 조비의 위나라가 강대국으로 대립한 가운데 어느 한쪽이 일방적으로 승리하지 못하게 함으로써 유비가 버틸 수 있는 공간을 마련했다. 위와 오가 거친 전쟁을 통해 약한 상태의 균형에 도달한다면 유비에게도 천하통일의 기회가 올 수 있었다.

" 균형 인간 그리고 균형 사회 "

유토피아 설계도는 인간 마음과 자주 연결된다. 제2장에서 살펴봤던 예수가 말한 사랑의 마음이나 공자가 말한 어진 마음, 혹은 많은 사람이 떠올리는 선한 마음, 양심 등이 대표적이다. 인간 심연에 있는 윤리적 씨앗을 잘 키우면 유토피아가 될 수 있다는 상상이 가능하다. 양심의 가책을 느끼는 사람들을 보면서, 불쌍한 이들에게 측은지심을 느끼는 아름다운 광경을 목격하면서 이 같은 겨자씨가 유토피아의 토양이라고 믿기도 했다.

그러나 대립물이 동시에 만들어지기 때문에 마음의 어떤 측면을 끄집어내 증폭시키더라도 유토피아는 만들어지지 않는다. 예컨대 착한 일을 하는 순간 착함의 겨자씨가 민들레 홀씨처럼 세상으로 퍼져나갈 것처럼 생각된다. 그러나 그 순간 착함을 수용해야 하는 대립물이 존재해야 하고, 이를 활용하는 영악한 사람이 등장한다. 착한 행위를 원점으로 돌릴 반작용 에너지는 상대가 영악해지도록 배후조종한다.

이렇듯 보상 없이 악용하는 이들만 늘면 마음이 불쾌해진다. 착하게 살아봤자 손해라는 생각이 강해지면서 정반대 편향을 갖게 되기도 한다. 어쩔 수 없다. 이 같은 이기적 변화가 곧 대립물의 균형이다. 착했던 만큼 나빠진다. 물론 손해를 감수하고 착함을 유지하면 언젠가 분명하게 (비록 원하는 방식은 아닐지라도) 보상은 돌아온다. 그래서 뿌린 만큼 거둔다는 말이 있다.

이기적인 욕망에서 이타심이 출발한다고 생각하는 이들이 있다. 기부를 하는 이유는 그걸 통해 얻는 기쁨 때문이라고 말한다. 봉사하는 사람들에 대해 '본인들이 좋아서 하는 일'이라고 평가한다. 이에 대해 고귀한 선함의 겨자씨를 모욕하는 생각이라고 비난하는 윤리학자들이 있다. 나도 마찬가지 생각을 했던 때가 있었다. 그러나 그것이 바로 대립물의 균형이다. 이타적 행위는 반작용 에너지의 활동에 의해 이기적 만족을 충분히 제공할 수 있다.

측은지심의 표정을 지으며 고급 수입차에서 내려 보육원 아이들에게 먹을 걸 나눠주는 재벌 사모님은 과연 이기적인 사람인가 이타적인 사람인가. 그의 마음 안에는 둘 다 존재할 것이다. 한쪽 측면만을 확대해 비판하거나 반대로 입에 침이 마르게 칭송할 수는 없다.

마음은 아울러 시계추처럼 늘 흔들린다. 흔들림에서 벗어났다고 말하는 이들은 정신 승리이거나 깊은 산속에서 외부적 자극과 단절한 경우일 뿐이다. 그런 점에서 마음은 갈대와 같다. 마음이 흔들리지 않도록 단단히 고정해야 한다고 윽박질러도 불가능하다. 좌우로 흔들리는 차에서 몸을 움직이지 말라는 것과 같다. 윽박지를수록 죄책감만 늘어날 수 있다.

결과적으로 마음의 균형을 잡는다는 건 흔들림 없이 본인의 길을 가거나, 평정심을 유지하거나, 중용을 지킨다기보다 좌우로 흔들리는 가운데에도 한쪽으로 쏠려 넘어지지 않는 일이 될 것이다. 의식과 행위는 편견과 아집에 빠질 수밖에 없고, 좌고우면할 수밖에 없지만, 그 기울어짐을 알아차림으로써 교정하는 게 곧 균형이다. 어쩔 수 없다. 뒤뚱거리면서 앞으로 가야 한다.

같은 맥락에서 균형사회는 모든 성원이 늘 조화롭게 살아가는 사회도, 보수와 진보가 화합하는 사회도 아닌 '결과적으로' 조화를 이루는 사회라고 할 수 있다. 싸움과 갈등이 이어지면서, 사회는 모순과 부조리가 팽배한 과정을 지나가게 된다. 그러나 결과적으로는 균형점으로 움직일 때 사회적 균형은 유지가 가능하다.

예컨대 트럼프 전 대통령에 의해 극우 민족주의적 색깔의 미국이 되어가던 순간 유권자들은 민주당 바이든을 새로운 대통령으로 뽑아 다시 균형을 잡아간다. 이런 게 균형사회일 것이다. 위험스럽게 뒤뚱거리지만 기울어짐을 알아차림으로써 교정을 한다. 이 같은 힘이 있는 곳이 곧 균형사회라고 할 수 있지 않을까.

균형, 일방적일 수 없음

위생을 철저히 하면 우리는 질병을 더 잘 예방할 수 있다고 생각한다. 지저분한 식당에서 밥을 먹는 경우보다 깔끔하게 깨끗한 식당에서의 식사가 건강에 더 좋다고 사람들은 믿는다. 주변을 깨끗하게 정리하고 살아갈 때, 병에 걸릴 위험이 적다고 생각한다.

그런데 〈질병예찬〉의 저자 베르트 에가르트너Bert Ehgartner는 오히려 지저분한 곳에서 먹는 이들이 더 건강할 수 있다고 말한다. 독일의 보건 관계자들은 1980년대 동독과 서독 어린이를 대상으로 알레르기를 비교, 연구한 적이 있다. 연구자들은 당시 대기오염이 훨씬 심각하고 위생 상태가 나쁜 동독에서 알레르기 발생률이 높을 것으로 예상했다. 그러나 조사 결과 깨끗한 환경, 높은 위생 관념에도 불구하고 서독 어린이의 알레르기 발생률이 더 높았다. 위생을 철저히 하는 노력이 어느 수준을 넘으면 반작용 에너지로 인해 효과가 반감되는 셈이다.

런던의 암 연구가 멜빈 그레이브스Melvyn (Mel) Greaves는 생후 1년 동안 다른 어린이와 규칙적으로 접촉하고, 더불어 병균과도 자주 접촉한 아이들이 접촉이 없던 집단에 비해 상대적으로 백혈병에 덜 걸렸다는 통계를 발표하기도 했다. 보호받으면서 혼자 자란 아이들이 백혈병에 걸릴 확률이 두 배나 높다는 것이다.

결과적으로 다소 지저분한 곳에서 가끔 병에 걸려봐야 건강할 수 있다는 의미다. 이게 곧 균형감이다. 그래서 저자 베르트 에가르트너는 "지나치게 건강을 염려하고, 질병을 두려워하고, 아프지 않도록 예방하는 노력은 오히려 우리 건강에 해가 될 수 있다"며 "때때로 아픈 사람은 장기적으로 볼 때 그렇지 않은 사람보다 오히려 더 건강하다"고 말한다. 그에 따르면 남이 먹던 반찬이 다시 나오고 테이블에 기름때 가득한 식당이 오히려 우리의 건강에 도움이 된다는 역설도 가능해진다. 골골거리는 사람이 병원 한 번 안 갈 정도로 건강한 사람보다 오래 살게 된다.

그렇다면 아이들을 조금은 지저분한 환경에서 키워야 할까. 그건 분명 아니다. 일부러 그럴 필요는 없어 보인다. 다만 위생적이면 위생적일수록 더 좋은 게 아닌 것만은 분명해 보인다. 때론 과유불급이다. 위치에너지가 현실이 돼 오히려 역효과가 난다. 적정선을 찾을 필요도 있어 보인다. 그곳이 최적의 균형점 아닐까. 개인적으론 그 사실을 알고 난 이후 저렴하게 떨이로 파는 야채를 사서 먹더라도 그리 슬프지 않았으며 유통기간이 조금 지난 식자재를 버리는 대신 과감하게 먹게 됐다.

균형, 평균으로의 회귀

영국의 과학자 프란시스 골턴 경은 지문을 발견한 인물로 유명하다. 그런데 그가 했던 연구 중 하나가 부모의 키, 몸무게 등을 바탕으로 자식들의 신체적 수치를 예측하는 법을 알아내는 것이었다. 주사위의 특정 면이 나오는 법칙을 발견하고자 했던 것과 다르지 않았던 그의 연구는 성공하지 못했다. 대신 재미있는 사실 하나를 발견했다.

아버지의 키가 평균보다 훨씬 크면 아들은 아버지보다 작은 경향이 있고, 아버지의 키가 평균에서 훨씬 밑도는 경우 아들의 키는 아버지보다 큰 경향이 있다는 것이다. 골턴은 이를 '평균으로의 회귀 regression to the mean'라고 불렀는데, 신비한 힘이 작용해 사람의 키를 양극단에서 평균으로 움직이게 만든다고 결론지었다. 신비한 힘이 곧 반작용 에너지다.

쉽게 말해 아버지 키가 190센티미터가 넘을 정도로 크면 자식은 그보다 작아져 평균에 다가간다는 이야기다. 키 큰 아버지 밑에서 태어난 자식은 내려갈 일만 남은 셈이다. 반대로 키가 작은 아버지의 자식은 아버지보다 더 크게 태어남으로써 역시 평균에 접근해 간다.

한때 '왜 위인전에 나오는 인물의 2세들은 선대보다 더 훌륭하지 못했을까'라는 생각을 했던 적이 있다. 대단한 아버지를 둔 자식이 선대의 뛰어남을 흡수한 뒤, 더욱더 발전된 방식으로 능력을 발휘할 수 있을 것 같은 생각이 들었기 때문이다. 실제 아돌프 히틀러는 학력, 지능지수 등을 파악해 반드시 머리 좋은 남자는 같은 수준의 여자와 결혼하도록 함으로써 뛰어난 게르만인을 만들려고 했다. 그러나 뛰어난 부부 밑에서 태어난 자식은 내려갈 일만 남는다. 자연의 순리를 표현한 '원점으로의 회귀'를 넘어설 수는 없기 때문이다.

캐나다의 심리학자인 제럴드 와일드는 '위험의 항상성恒常性'이란 이론을 발표했었다. 사람들은 일정 수준의 위험을 감수하는 경향이 있다는 뜻이다. 버틸 수 있는 위험의 '균형점'이 있고, 그 수준을 항상 유지한다는 것이다.

예를 들어 눈이 내리기 시작하면 대부분 운전자들은 위험을 평소와 동일한 수준으로 유지하기 위해 천천히 달린다. 반대로 길이 넓어지거나 안전한 대형차를 사면 더 위험하게 운전을 한다. 따라서 안전벨트, 에어백 등의 안전장치가 안전을 증가시킨 만큼 운전자는 더 큰 위험을 감수한다는 것이다. 결국, 감수하는 위험의 총량과 균형점은 언제나 일정 수준에서 유지된다.

산에 안내 표지판, 대피소 등을 더 잘 갖추어놓으면 산악 구조대의 출동 빈도가 오히려 더 늘어난다고 한다. 안전사고에 대한 대비가 잘 갖춰져 있다고 생각해 등산객들이 더 큰 위험에 도전하기 때문이다. 예컨대 야간 산행에 나서는 등산객이 많아진다. 사회적 위험을 줄이기 위해 많은 노력을 하지만 위험이 사라지는 유토피아는 만들 수는 없다. 위험의 균형점으로 늘 회귀하는 탓이다.

새옹塞翁은 국경에 사는 노인이란 의미다. 어느 날 새옹의 말이 국경을 넘어 오랑캐가 사는 곳으로 가 버렸다. 나쁜 일이 벌어진 셈이다. 동네 사람들이 위로하자 새옹은 "이게 어떤 좋은 일을 가져올지 모른다"고 말한다. 나쁜 일이 벌어진 순간 반작용 에너지가 생성됐음을 직감한 셈이다. 그리고 몇 달 후 집 나간 말이 다른 말 한 마리를 데리고 돌아왔다. 기쁨이 현실화한 셈이다. 이번엔 동네 사람들이 축하하자 늙은이는 반대로 즐거워하지 않았다. 대신 그 일이 어떤 나쁜 일을 만들지도 모른다고 덤덤하게 이야기한다.

좋은 일이든 나쁜 일이든 원점으로 돌릴 반작용을 동시에 만든다는 걸 보여주는 대표적인 이야기라고 할 수 있다. 새옹지마塞翁之馬에는 이 같은 순리가 담겨있기에 여전히 사람들의 입에서 회자되고 있다. 반작용에 따른 대립물의 균형을 이해할 때 희로애락에 조금 더 담담해질 수 있고, 세상을 정확하게 그리고 현명하게 볼 수 있지 않을까 싶다.

흥부전은 착한 흥부가 제비의 도움으로 대박을 터뜨리는 이야기로 끝이 난다. 누구나 한 번쯤 꿈꾸는 대박의 유토피아다. 어느 날 귀인이 찾아와 행운을 선사하면서, 팔자가 바뀌는 희망을 품게 한다. 그렇다면 흥부는 평생 행복했을까.

신데렐라 스토리는 착한 그녀가 멋지고 잘생긴 왕자님을 만나 평생 행복하게 산다는 걸로 끝난다. 백마 탄 왕자의 유토피아다. 하지만 백마 탄 왕자를 만났다는 사람은 있어도 평생 행복한 유토피아에 갔다는 경우는 본 적이 없다. 반대로 '속았다'거나 '사람이 변했다'고 푸념하는 경우는 많았다. 과연 변질된 왕자만의 문제일까.

백마 탄 왕자를 만나거나 행운의 대박이 터지는 순간은 운이 실력보다 좋은 상황으로의 변화라고 할 수 있다. 시시포스가 누군가의 도움으로 정상 턱밑까지 쉽게 간 경우다.

그곳에서 강력한 반작용의 끌어 내림을 버텨야 한다. 예컨대 깐깐한 시어머니와 시누이의 성가심을 견디는 게 쉽지 않다. 그 힘든 상황을 버티고 견딜 때 왕자님과의 결혼은 지속될 가능성이 높다.

즉 높은 수준의 균형 상태를 유지할 수 있다. 세계적 이목을 끌었던 영국 왕실의 신데렐라 다이애나비가 비극적 죽음을 맞이한 까닭 역시 이 같은 버티기가 쉽지 않음을 보여주는 예다.

홍부도 다를 바 없다. 사실 다시 가난해질 확률이 높다. 많은 재산을 지키기엔 사람이 독하지 못하다. 사기꾼에 속을 가능성도 높다. 정상 부근의 거친 바람을 견딜 능력을 키우지 못한 가운데 올랐기 때문이다. 땅으로 굴러떨어진 뒤 바위에 깔려 이전보다 더 비극적인 삶을 살 가능성도 배제할 수 없다.

물론 그걸 버틸 잠재력을 갖춘 홍부도 존재할 수 있다. 그럼에도 불구하고 한 가지 명확한 사실은 한 번 올랐다고 끝이 아니란 점이다. 그곳에서 버틸 수 있어야 한다. 20억 원쯤이 생겨 건물 하나 마련한 뒤 월세로 생활하는 건물주가 되면 여행이나 다니면서 편하게 지낼 수 있다고 생각하지만, 꼭 그렇지 않다. 그만큼의 견디는 에너지가 필요하다. 그래야 균형이 유지된다. 준비가 안 된 상태에서 오르면 행운은 오히려 독이 될 수 있다.

높은 곳에 유토피아가 있다는 말을 철썩같이 믿고 필자 역시 권력자가 되고 부자가 되기 위해 애쓰던 시절이 있었다. 조금씩 더 높은 곳으로 올라가는 쾌감을 느껴보기도 했다. 그러나 어느 순간 거친 바람이 불기 시작했고, 민감한 촉각 탓에 버티는 게 쉽지 않음을 깨닫고 더 큰 고통을 당하기 전 미리 내려왔던 것 같다. 그렇지 않았다면 지금쯤 어느 깊은 계곡으로 굴러떨어져 흔적도 없이 짐승

밥이 되지 않았을까.

백마 탄 왕자나 대박의 행운이 유토피아를 만들어 주지 못한다는 사실이 사람들에게 절망감을 줄 수도 있다. 몽상의 달콤함을 짓밟는 일로도 비춰질 수도 있다. 하지만 반대로 이득도 있다. 백마 탄 왕자를 만난 친구를 봐도 부럽거나 질투심이 덜하다. 그의 버티는 고통을 이해하기 때문이다. 잘 버틴다면 그건 그의 버티는 능력이 되는 탓이다. 나는 못 한다. 출세한 친구를 봐도 마찬가지 감정을 느낀다. 내 마음에 평화가 찾아온다.

사물을 균형감 있게 봐야 하는 이유는 세상 자체가 대립물의 균형 상태에서 존재하고 변화하기 때문이다. 즉, 균형감은 사실을 제대로 보게끔 해주는 객관적 기준이다. 예컨대 수단과 방법을 가리지 않고 성공만 하면 된다고 생각하는 사람들이 있다. 말릴 방법은 없어 보인다. 대신 한 가지 사실을 기억할 필요가 있다. 그에 상응하는 반작용이 대립물로 형성된다는 점이다. 쉽게 얻은 건 쉽게 사라진다는 말이 그래서 순리로 통용된다.

---- " ----

육체와 영혼의 대립

---- " ----

사실 소크라테스가 말한 영혼의 세계가 있는지 플라톤이 말한 이데아가 있는지 누구도 알 수 없다. 본 적 없기에 없다고 할 수도 있지만 보지 못했기에 없다고 확신할 수도 없다. '있는데, 아직 못 봤을 뿐'이라는 논리가 성립 가능한 탓이다.

그런데 한 가지 짚고 싶은 건 대립물의 균형이 세상의 근본원리라면 보이는 세계의 대립물로 보이지 않는 세계의 존재 가능성을 유추할 수 있다는 점이다. 그 보이지 않는 세계에 대한 감각적 표현이 반작용이고 아울러 위치에너지가 아닐까. 공간이 눈에 보이는 세계라면 시간은 그것의 대립물로써 보이지 않는 세계라고도 할 수 있다. 시간과 공간 안에서 모든 사물이 존재하는데, 공간은 눈에 띄지만, 시간은 그렇지 않다. 보이지 않는 세계를 인위적으로 가늠하기 위해 1년이란 틀을 만들었을 뿐이다. 투명인간에게 옷을 입혀 그 형체를 감각하는 것과 같다. 이렇듯 더듬어 감각할 수 있을 뿐 손으로 만질 수도 눈으로 볼 수도 없는 게 시간이다.

그 보이지 않는 세계의 일부로서 육체의 대립물인 영혼이 존재할 수 있다. 죽으면 몸은 공간 속 흙과 먼지로 돌아가는 한편, 영혼은 보이지 않는 세계에서 순리의 방식으로 변화할 수 있다.

물론 영혼 혹은 보이지 않는 세계가 대립물로 존재하더라도 순리에서 변하는 건 없다. 소크라테스와 플라톤이 상상했듯이 땅의 천박함과는 전혀 다른 불변의 위대함을 갖춘 세계는 아닐 것이다. 그저 눈에 보이는 몸과 상호작용하는 존재이지 않을까. 아울러 인간에게만 있다고 말할 수도 없다. 우리 집 강아지에게도, 아울러 산에 핀 꽃에도 보이지 않는 세계의 영혼이 존재할 수 있다. 그 모든 것들 역시 공간과 시간 속에서 변화를 겪고 있는 자연의 일부이기 때문이다.

물론 영혼을 불변의 세계라고 말해도 관계는 없다. 다만 그 불변의 세계를 사이비 종교지도자들이 그러하듯이 마치 본인이 본 것처럼 말하는 태도는 배척되어야 한다. 말 그대로 보이지 않는 세계이기 때문이다. 보이지 않는 세계를 마치 본인은 볼 수 있는 것처럼 말했던 태도에서 인류에 대한 잔인한 사기가 출발했다.

증명할 수는 없지만 보이는 세계의 대립물로서 보이지 않는 세계를 가정하고 나면 우주의 균형감이 보다 더 명확하게 이해된다. 평생 어떤 나쁜 짓도 하지 않은 가운데 맑은 꿈을 꾸다 배고픔에 죽어간 아프리카 아이들의 균형점을 이해할 수 있게 된다. 착하게 살면 천당 가고, 나쁜 일을 하면 지옥 간다는 말의 균형감이 피부에 와 닿는다. 영혼이 없는 눈빛이나 영혼이 없는 대답 혹은 영혼을 갉아

먹는 돈 등의 말도 더 현실성 있게 이해할 수 있다.

꿈에서 세상을 떠난 사람의 목소리를 듣곤 한다. 보고 싶은 간절한 마음이나, 미안한 마음이 극단적으로 커지면서 그것을 원래대로 돌리기 위한 균형감이 작동했을 수도 있다. 그러나 그것 역시도 보이지 않는 영혼의 세계에서 들려온 소리일 수 있다.

동양의 위대한 철학자 노자의 〈도덕경〉에 담겨있는 핵심 주제는 유무상생有無相生이다. 보이지 않는 것과 보이는 것의 대립에 대한 내용이다. 없음과 있음이 함께 나왔다는 뜻이다. 석가모니도 색즉시공 공즉시색色卽是空 空卽是色이라고 했다. 비슷한 맥락으로 이해할 수 있다. 있음과 없음이 공존한다는 뜻이다. 심오하다는 생각이 드는 한편, 의미에 대한 해석이 쉽지 않다.

사실 반대되는 이야기를 한 철학자는 아리스토텔레스다. 그는 있으면서 동시에 없다는 말은 논리적 모순이라고 이야기했다. 사과가 없으면서 있다고 말하는 건 이치에 맞지 않는다는 뜻이다. 언뜻 보기에 아리스토텔레스의 말은 반박할 수 없는 사실처럼 보인다. 이같은 인식이 많이 받아들여졌다. 있으면 있는 거고, 없으면 없는 거지, 있으면서 없다는 말은 말장난이자 궤변으로 치부됐다.

그러나 그동안 과학이 애써 외면했던 보이지 않는 세계를 인식의 영역으로 끌어드린다면 유무상생은 대립물의 균형으로 이뤄지는 자연의 가장 근원적인 대립이라고 할 수 있다. 즉, 보이는 세계(작용)와 보이지 않는 세계(반작용)가 대립물의 균형을 이룬다.

우리는 가끔 '어차피 때가 되면 떠날 인생'이란 말을 한다. 지금은 존재하지만, 시간이 지나면 사라진다는 뜻이다. 태어나는 순간 죽음이 예정되어 있는 탓이다. 삶과 죽음이 생명체 안에 동시에 존재한다. 살아있지만 이미 죽을 목숨이다. 사형수 아닌 사람이 없다. 유무상생이 내 몸에 있다. 그 안에서 대립물의 균형을 유지한다. 언제 죽을지 모르는 상황에서 밥을 먹고 잠을 잠으로써 삶의 균형을 잡는다. 평균대에서 떨어지려는 몸을 세워 삶의 길을 걷도록 한다. 그 인생길에는 죽을 것 같이 배고프거나 아픈 날이 있고, 영원히 계속됐으면 좋을 것 같은 행복한 순간이 존재한다. 행복한 날만 있기를 바라지만 그럴 수 없는 게 인생이다. 유有와 무無, 색色과 공空은 상호 대립물로 존재하며 균형을 이룬다.

일본 대표적 사무라이들이 새를 울게 했던 방법에 관한 재밌는 에피소드가 있다. 오다 노부가나는 윽박질러 새를 울렸다고 한다. 울지 않는 새는 칼로 죽였다. 도요토미 히데요시는 온갖 잔꾀를 써 어떻게든 울게 만들었다. 반면 도쿠가와 이에야스는 울 때까지 기다렸다고 한다. 비록 울고 있지 않지만, 그 안에 우는 새가 동시에 있고 언제가 우는 순간이 온다는 사실에 집중했던 셈이다.

그런 점에서 시간과 공간 역시 대립물의 균형이라고 할 수 있다. 있음이 시간에 담겨있다면 공간엔 없음이 존재한다. 없음이 시간에 담겨있다면 공간엔 있음이 존재한다. 시간의 흐름에 따라 없음은 있음이 되고, 있음은 없음이 된다. 균형점이 움직인다.

대립물의 균형으로 세상 보기

대립물의 균형이 세상 변화의 요체이기에, 그 틀로 주변을 볼 때 순리가 눈에 들어오고 극단성의 부작용에서도 벗어날 확률이 높다. 예컨대 사람들은 완전한 사랑을 꿈꾼다. 그러나 현실의 사랑은 다양한 대립물 안에서만 존재한다. 그 대립물 가운데 하나가 증오다. 둘의 균형이 필요하다.

사랑하는 연인은 한없이 사랑스럽지만, 때론 천하의 나쁜 사람처럼 보이기도 한다. 내 마음을 몰라주거나 상처 주는 말을 할 때다. 다른 사람에게 들었다면 별 감정 없는 말들이 사랑하는 사람 입에서 나오면 심장을 난도질한다. 감정이 양극단을 오간다. 사랑의 감정이 만든 반작용 에너지 탓이다. 사랑과 증오가 대립물로 형성됨을 이해하고 둘 사이의 균형이 중요함을 인지할 필요가 있다. 감정 표현을 절제하는 게 균형점을 안정적으로 유지하는 길이 될 수도 있다.

모든 일에는 장점과 단점이 있다. 한쪽만 있는 경우는 없다. 독일제 기계는 고장이 잘 없다고 한다. 완벽함에 대한 집념이 그 안에 담겨있다. 그런데 그 완벽함에도 단점이 있다. 고객이 한번 구매하면 끝이다. 고장 나는 경우가 드물기에 재구매가 잘 발생하지 않는다. 기업 입장에서 반가운 일만은 아니다.

숙청당했던 덩샤오핑鄧小平이 마오쩌둥毛澤東 사후에 다시 등장한다. 사람들은 마오쩌둥 격하운동이 시작될 것으로 생각됐다. 반작용 에너지 역시 '너를 숙청했던 마오쩌둥을 짓밟으라'고 은밀히 유혹했을 것이다. 그러나 덩샤오핑은 마오쩌둥에 대해 '잘한 게 7이고, 못한 게 3'이라면서 공칠과삼으로 평가했다. 장점과 단점을 균형감 있게 본 것이다. 이를 바탕으로 중국 공산당의 대립도 잠재웠고 본인 역시 마오쩌둥에 버금가는 위대한 지도자로 자리매김했다.

우리는 능력도 있으면서 인간성도 좋은 사람을 선호한다. 그런데 이 둘은 영화의 예술성과 흥행성처럼 동시에 갖추기 어려운 대립물이다. 능력이 있으면 자부심이 강하고 따라서 성격이 까칠해지기 쉽다. 인간적인 사람이 되라는 조언을 자주 듣는다. 그러나 이게 쉽지 않다. 반작용이 배후조종자인 탓이다.

그럼에도 불구하고 균형을 맞추려는 노력이 필요하다. 그렇지 않으면 평균대에서 떨어져 바닥에 내려오기 때문이다. 물론 바닥에 내려오는 일도 또 다른 균형이 될 수 있다. 낮은 에너지 상태의 균형이다.

다른 방법은 예술성 혹은 흥행성 있는 영화를 돌아가면서 보듯이 로테이션하는 방식이다. 일에서는 까칠하지만 회식 때는 마음 씨 좋은 모습을 보인다. 프로젝트는 완벽을 추구해도 끝나고 난 뒤 보상은 넘치게 해주는 등이다. 또 다른 방법은 정반대의 사람을 대립점에 놓는 경우다. 인간성 좋은 사람을 파트너로 영입해 인간성이 요구되는 일을 맡도록 하는 것이다.

인간 운명은 정해져 있을까 개척하기 나름일까. 정해져 있다고 말하는 이들이 있고, 개척하기 나름이라고 주장하는 사람들도 있다. 책처럼 끝이 정해져 있다고 말하기도 하고 빈 노트와 같아 무엇을 채우느냐에 따라 변한다고 말한다.

둘 다 정답이다. 그러나 100% 정답은 아니다. 둘 중 하나에 집착하면 반작용 에너지가 뒤통수를 때릴 수 있다. 때론 운명을 개척해야 할 시간이 있고 반대로 주어진 걸 받아들이면서 살아야 할 때도 있다. 끊임없이 좌우를 오가면서 균형점을 형성할 필요가 있다. 그게 인생이지 않을까.

인생은 분명 어느 정도 결정되어 있다. 계급이 있던 예전뿐만 아닌 오늘날에도 크게 다르지 않다. 특별한 능력 없이 평범한 집안에서 태어났다면 평범한 삶을 살 가능성이 크다. 그게 오히려 행복할 수 있다. 노력한다고 삼성 이건희처럼 될 가능성은 0.01%도 안 될 것이다. 그 가능성을 너무 믿게 되면 사기성 짙은 업체의 사탕발림에 인생을 뜯길 가능성이 크다.

그렇다고 운명 개척이 전혀 불가능한 일도 아니다. 어느 정도 확률로 성공하는 케이스도 있다. 그런 분들은 방송이나 책에서 현재 상태에 안주하는 이들을 질책하면서 누구나 본인처럼 될 수 있다고 말하고, 꿈과 목표를 갖고 도전해야 한다고 역설한다. 맞는 말이다. 그러나 100% 정답 역시 아니다.

둘 중 하나를 정답으로 정하고 따르려고 하기보다 둘 다 정답일 수 있음을 받아들인 가운데 현재 내 인생의 국면에서 무엇이 더 필요한지, 어떤 균형 상태에 있는지를 잘 살펴보는 게 중요하지 않을까. 그 안에서 최적의 균형점을 찾을 수 있어야 한다. 태풍이 거세면 배는 항구에 머물러야 한다. 평생 태풍이 지속하면 항구에서 일생을 마쳐야 할 수도 있다. 어떤 태풍도 다 뚫고 갈 수 있다는 믿음으로 거친 바다에 뛰어들면 흔적 없이 사라질 수도 있다.

제4장

정답은 변한다

정답은 유용하다. 알면 편하고 모르면 헤매게 된다. 마트까지의 길을 알면 쉽게 갈 수 있다. 모르면 헤매야 한다. 버스가 오후 3시에 도착한다는 걸 알면 그때 맞춰 나가면 되지만 모르면 정류장에서 종일 기다려야 한다.

따라서 우리의 일차적 어려움은 정답을 모르기 때문에 시작되는 경우가 많다. 낯선 여행지를 가는 도중 두 갈래 길이 나왔는데, 어디 쪽이 목적지인지 모르면 헤매게 되고 함께 가는 사람들이 갈등하고 싸우기도 한다. 알면 쉽게 갈 수 있다.

정답은 마음의 안식을 주기도 했다. 하느님만 믿고 따르면 천국에 갈 수 있다는 게 정답이었던 시절 매일 저녁 감사의 기도를 드리고 주일에 예배를 보고 사제의 말씀만 잘 들으면 됐다. 정답이 무엇인지 고민할 필요도 없고, 길거리에서 방황할 이유도 없었다. 임금께 충성만 다하면 되던 시절엔 왕만 믿고 따르면 됐다.

그런데 유용했던 정답이 변질되기 시작한다. 정답이 긍정적인 역할을 할수록 그걸 원점으로 돌릴 반작용 에너지가 만들어지는 탓이다. 유럽을 장악한 사제들은 하나님의 뜻이라면서 면죄부를 팔고, 십자군 전쟁을 감행했다. 선량했던 왕들은 무소불위의 권력에 취해 폭군으로 변했다. 자기 무덤을 파는 행위였다. 저항할 수 없는 반작용의 은밀한 속삭임에 넘어간 셈이다. 정답으로 흥했다 정답으로 무너지기 시작한다.

앞선 참새 이야기처럼 처음엔 신선했던 정답이 유통기간 지난 우유처럼 변질되는 경우도 있다. 경제학에서는 이를 구성의 오류라고 표현한다. 혼자 할 땐 정답이지만 믿고 따르는 사람이 늘면 오답이 된다. 예컨대 혼자 응원석에서 일어나 야구 경기를 관람하면 '일어나 경기를 보면 넓은 시야를 확보할 수 있어 좋다'가 정답이지만 그를 따라 모든 관중이 일어나면 헛수고가 된다.

부지런히 일하면 성공할 수 있다는 말은 정답으로 간주된다. 그러나 모든 사람이 부지런히 일하면 골병드는 사람만 늘어날 가능성이 크다. 100명 중 10명이 부지런하면 정답이지만 정답을 따라 100명 모두 똑같이 부지런해지면 더 이상 정답이 아니다. 정답을 원래 위치로 되돌릴 위치에너지가 현실이 되기 때문이다.

사실 계획경제의 실패도 비슷한 맥락의 역사적 진화 과정을 겪었다. 경제가 개발되지 못했을 때는 국가가 주도해 일사불란하게 경제를 개발하는 게 보다 효율적일 수 있다. 초기 사회주의 시스템은 자본주의보다 분명 효율적이었음이 각종 통계로 증명된다. 우리나라의 경제 개발도 비슷한 방식으로 한강의 기적을 토해

냈다.

그러나 경제가 발전하면 국가가 계획할 수 있는 범위를 벗어난다. 다 큰 자식이 부모의 통제를 벗어나는 변화된 상황과 다를 바 없다. 순간 국가의 계획경제는 오답이 된다. 초반에 성공했던 것을 근거로 계획경제를 계속 고집할 경우 결국 경제는 나락으로 떨어질 가능성이 높다. 대다수 사회주의 국가가 이 같은 상황을 목격한 뒤 시장 경제로 시스템을 전환했다.

모든 분야의 궁금증을 풀어줄 열쇠와 같은 정답을 찾으면 유토피아가 된다고 생각했다. 그런데 정답을 찾았다고 선언하는 순간 묘하게도 정답이 무너지기 시작한다. 배후에 존재하는 보이지 않는 손을 직감하게 된다. 변화하는 정답을 보면서 사람들의 생각도 바뀌기 시작했다. 그 과정에서 눈에 들어온 게 순리의 풍경화다.

정답 없음이 곧 대립물의 균형

사실 지난 2500년 인류가 가장 큰 고통을 받던 순간은 정답이 없어 헤맬 때도, 정답을 찾기 위해 노력할 때도, 믿었던 정답이 오답이었음을 깨닫는 순간도 아니었다. 더 큰 문제는 정답을 강하게 믿고 따르는 순간에 터졌다.

특히 정답에 대한 강한 믿음은 중세의 천동설처럼 이를 신성불가침의 영역으로 승화시키면서 공포의 대상으로 만들었다. 착했던 정답이 악마가 된다. 정답을 강하게 믿을수록 그걸 무너뜨릴 반작용 에너지가 커진 탓이다. 오답임을 지적하는 이들을 총칼로 찔러 죽이는 일까지 서슴지 않는 광기를 토해내는 경우가 역사에서 부지기수였다. 선한 의도로 태어난 정답은, 정답의 위엄이 높아질수록 정반대의 결과를 만들어냈다.

굳이 역사책이 아니더라도 정답에 대한 강한 신념에 근거해 벌어지는 싸움은 지금의 현실에서도 자주 목격된다. 그래서 사람들은 친한 사람과 절대 종교나 정치 이야기를 하지 말라고 조언한다. 정답에 대한 각자의 신념이 강하게 굳어진 분야이기 때문이다. 진실까지 왜곡하면서 본인들은 무조건 정답이라고 우기는 경우가 자주 발생한다.

이렇듯 정답의 광기를 목격한 사람들은 어느 순간 정답은 없다고 말하기 시작했다. 본인의 주장을 이야기한 뒤에 '하지만 정답은 없다고 생각한다'로 맺는다. 때론 '내 말이 꼭 정답은 아니다'라거나 '정답은 변할 수 있다'고 말하기도 한다. 나의 정답을 신봉하는 순간 내 정답은 더 강해지고 튼튼해지기보다 반작용으로 인해 악마가 된다는 걸 알았기 때문이다.

그런 점에서 정답이 없다는 말 안에 담긴 뜻은 정말 정답이 없다는 말과는 차이가 있다. 과거와 마찬가지로 정답은 여전히 있는 경우도 있고 없는 경우도 있다. '밥은 많이 먹을수록 배가 부르다'는 말은 여전히 정답일 가능성이 99퍼센트 이상이고, '닭이 먼저냐 계란이 먼저냐'라는 질문엔 여전히 완벽한 정답이 없다. 여전히 시간에 따라 정답은 변하기도 하고, 진리로 표현되는 완벽한 정답도 없다.

변한 게 있다면 정답에 대한 우리의 태도라고 할 수 있다. 완벽한 정답이 없다는 사실을 받아들인 가운데 순리의 길을 찾아가고 있다.

그런 점에서 정답이 없다는 말 안에 담긴 속뜻은 모든 게 오답이라는 의미가 아닌, 나의 정답과 상대의 정답 사이에, 혹은 내가 생각하고 있는 것과 간과하고 있는 것 사이에서 균형점을 찾고자 함이다. 나는 내 생각을 말할 뿐 너의 생각은 다를 수 있음을 인정하는 것이다. 정답의 긍정성과 부정성이 대립물의 통일로 존재하는 상황에서 균형을 잃지 않으려는 태도다. '완벽한 정답보다 정답의 최적 균형점'이 우리 삶에 중요하다는 생각이 담겨있다. 그 최적의 균형점은 많은 경우 하나의 정답만을 강요하지 않는다. 이 책에서 정답이 없다고 표현할 때도 같은 맥락으로 사용된다. 결국 정답은 없는 동시에 모든 게 정답이기도 하다.

자전거 타는 사람들의 성향을 두 가지로 나눌 수 있다. 빠르게 달리면서 스피드와 목표 달성의 쾌감을 즐기는 부류가 있고, 슬슬 달리면서 산들바람과 주변 풍경을 즐기는 이들이 있다. 둘 중 무엇이 정답이라고 말할 수 없다. 둘 다 아름답다.

그런데 하나의 길 위에서 두 가지 방식은 자주 충돌한다. 각자의 정답을 강하게 주장만 할 뿐, 최적의 균형점을 찾지 못하면 자전거 도로는 전쟁터로 변모할 수도 있다. 빠르게 달린다고 쌍욕을 하거나 반대로 너무 느리게 간다고 손가락질하는 이들이 생긴다. 보다 더 좋은 자전거 길에 대한 생각이 출발점인데, 정답으로 승화하면 싸움이 된다.

집에서도 마찬가지다. 자식을 위해 부모는 본인 정답을 강요할 때가 있다. 자식 잘되기를 바라는 마음에서다. 그러나 사실 부모의 정답일 뿐이다. 자식은 다른 생각을 하고 있을 수 있다. 따르면 상관없지만 반발하기 시작하면 갈등이 심해진다.

최소한 지금은 없다

앞서 했던 이야기에 수긍하지만, 완전한 정답과 유토피아에 대한 꿈이 사라지면 삶이 허무하게 느껴진다고 말하는 사람들이 있다. 꿈꾸고 도전해야 할 목표가 필요하다고 말한다. 불가능한 몽상일지라도 허무함을 느끼지 않고 살아가기 위해서 말이다. 갈수 있다고 믿고 끝까지 찾아보겠다는 이들도 있다.

1979년 노벨 물리학상을 받은 세계적 석학 스티븐 와이버그는 〈최종이론의 꿈Dreams of A Final Theory〉에서 "지금 이론들은 제한적으로 유용하고, 여전히 잠정적이며, 불완전하다"면서도 "그러나 가끔 우리는 그 이론들 뒤로 무제한적으로 유용하고, 완전성과 일관성에 있어 전적으로 만족스러운 하나의 최종 이론을 흘낏 보게 된다."고 고백한다.

흘낏 드러난 그림자 때문에, 오늘도 많은 사람들은 그것의 원형(이데아)을 찾아 나서고 있다. 그 꿈과 갈증 역시 존중받아야 한다. 완벽한 정답이 없는 현실을 인정할 수 없다면 계속 찾는 것도 자유다. 수도승이나 학자가 돼 끊임없이 탐구하면 된다. 나아가 본인 생각을 절대적인 정답이라고 믿어도 된다.

다만 그 틀 안에서 공유할 수 있는 게 있다. 최소한 아직 완전한 정답은 없다는 점이다. 찾지 못했든, 객관적 증명을 하지 못했든, 없다고 생각하든 현재 정답은 없다는 점에 공감할 수 있어야 열린 마음과 소통의 기반을 마련할 수 있지 않을까. 그거면 충분하다.

아울러 모든 사람이 객관적으로 수긍할 수 있는 구체적 증거를 제시하지 못하는 부분은 타인과의 대화에서 어느 정도 신념이나 믿음으로 남겨두어야 한다. 그게 열린 마음이지 않을까. 예수가 하나님의 아들이란 증거를 하늘에서 가져오지 않는 이상 어느 정도 주관적 믿음임을 받아들일 필요가 있다.

물론 여전히 본인이 정답이고 다른 모든 사람의 생각은 틀렸다고 말하는 사람들이 있을 것이다. 정답이 아님을 증명하는 명백한 증거를 제시해도 신념과 믿음을 포기하지 않는다. 나아가 깃발 아래 사람을 모아 숭고한 성전에 나서라고 선동하는 이들도 사라지지 않을 것이다. 이 같은 근본주의까지도 어쩔 수 없다. 문제는 그들이 사회를 좌지우지할 때다. 이를 막기 위해서라도 정답에 대한 숭고한 믿음에서 비극이 시작됐음을 이해하는 사람들이 늘어날 필요가 있다.

같은 걸 보고도 다른 정답이 나온다

노벨 경제학 수상자 폴 새뮤얼슨Paul Samuelson 교수의 베스트셀러 〈경제학개론〉 첫 장에는 보는 각도에 따라 새로도 보이고 사슴으로도 보이는 사진이 가장 먼저 나온다. 같은 사진도 보는 시각에 따라 전혀 다른 동물이 된다. 같은 현상에 대해 다양한 해석이 존재할 수 있음을 설명하기 위한 예시였다.

아울러 본인 책도 마찬가지라고 말한다. 본인 주장도 정답이 아닌, 현상에 대한 하나의 해석이라고 말한다. 아울러 책의 같은 문장을 사람마다 다르게 해석하는 경우도 분명 존재할 수 있다고 전제한다.

선조가 임진왜란에 앞서 일본에 사신을 파견한다. 도요토미 히데요시가 일본을 통일한 여세를 몰아 조선반도를 침략할 뜻이 있는지 살피기 위해서다. 당시 사신으로 갔던 대표 황윤길은 일본이 침략할 가능성이 크다는 서신을 선조에게 보낸다. 반면 부대표였던 김성일은 분명 같은 걸 봤는데, 그런 조짐은 전혀 보이지 않는다면서 크게 걱정할 필요가 없다고 말한다. 같은 현상을 보고도 정반대의 이야기를 했던 대표적인 예이다.

학창시절 교과서와 국사 선생님은 부대표 김성일이 다른 당파였던 황윤길이 싫어 일부러 반대되는 보고를 했고, 이 때문에 조선이 일본 침략에 대비하지 못했다고 평가했다. 물론 전혀 틀린 이야기는 아니다. 동시에 일본이 조선을 침략했기 때문에 욕을 먹게 되는 결과론적 해석의 면도 존재한다.

동전 던지기를 3회 실시한 결과 계속 앞면만 나왔다면, 영희는 이제 뒷면이 나올 가능성이 크다고 이야기할 수 있고 철수는 앞면이 계속 나왔기에 쭉 앞면만 나올 확률이 높다는 반대되는 이야기를 할 수도 있다. 결과는 던져봐야 알 수 있을 뿐이다. 뒷면이 나올 경우 철수를 비난할 수 있지만 그저 화풀이 대상이 필요해서일 뿐이다.

특히 간다고 말하면 멈추고, 멈춘다고 하면 갈 수 있는 인간의 '자유의지'가 결합된 상황에서는 더욱 그렇다. 상대가 준비를 안 하면 쳐들어가고, 철저히 준비하면 안 가면 그만이다. 황윤길의 주청에 따라 철저히 전쟁에 대비했다면 일본이 조선을 침략하지 않았을 가능성도 있다. 그랬다면 황윤길은 왜구 침략이란 허구적 공포를 조성해 전쟁 준비에 쓸데없이 국력을 낭비하게끔 했다는 비난을 받았을 수도 있다.

같은 현상에 대해 이렇듯 다른 해석은 늘 가능하다. 정답이 있다면 살기 참 편할 텐데, 없기에 복잡하고 늘 힘들다. 그 어려움 때문에 스스로 단순화하는 함정에 빠지기도 한다. 어쩌면 선조의 머릿속에는 왜놈들이 도발하지 않았으면 좋겠다는 생각이 강했을지 모른다. 이 같은 소망이 강한 상태였기에 김성일의 보고서가 눈에 확 들어왔을 수 있다.

아울러 각자의 입장에 따라 다른 해석이 가능할 수 있다는 점도 염두에 둘 필요가 있다. 자식 문제에 대해 아내가 엄마로서 보는 입장과 남편이 아버지로서 보는 입장은 다를 수밖에 없다. 다른 해석을 하고 다른 해결책을 제시한다. 그 차이를 열린 마음으로 받아들일 필요가 있다.

정답이 있다는 가정 아래 하나의 해석에 모든 걸 걸면 불확실성에 올인하는 도박이 될 수도 있다. 따라서 정답이 없는 세상에선 다양한 가능성에 대한 총체적 고려도 필요하다. 어쩔 수 없다. 우리가 살아가야 할 세상이 이렇게 만들어졌다. 같은 걸 보고도 다양한 해석이 가능하기에, 그 다양한 해석을 귀담아들을 필요도 있다. 무엇이 정답인지 정하기 위한 논쟁보다 두 가지 해석을 바탕으로 사물을 총체적으로 판단하는 게 보다 현명할 뿐만 아니라 순리에 적응하는 방식이라고 할 수 있지 않을까.

정답에 대한 의심과 열린 마음

믿었던 정답이 배신하는 경우가 자주 있다. 변절한 정답을 원망하게 된다. 그런데 앞서 봤듯이 많은 경우 정답은 변하게 되어 있다. 오히려 정답이 오답으로 변할 수 있음을 염두에 둘 때 속이 편해지고 또 돌발적인 상황에 대비할 수도 있다. 정답에 대한 회의감을 가질 때 현실 속에서 정답이 부정될 때의 충격도 줄어든다. 정답을 대하는 또 하나의 균형감이다.

블랙 스완은 백조는 희다고 믿던 유럽인들이 17세기 신대륙 호주에서 검은 백조를 보고 충격을 받은 뒤 '정답을 뒤흔드는 꼬리'의 은유가 됐다. 모든 정답은 오답 가능성이 있으며, 오답이 현실화했을 때의 파장은 충격적이란 의미다.

소련식 사회주의나 북한식 주체사상을 신봉하던 이들이 1980년대에 있었다. 가본 적 없는 이들 국가를 유토피아로 생각했다. 그러나 1990년대 초 소련과 동유럽이 무너지면서 믿음이 붕괴되는 걸 경험했고, 정신적 공황에 빠졌다. 그런 가운데 일부는 사회주의는 위대하고 북한 수령은 무오류의 영도자라는 믿음을 포기하지 못했다.

그것을 버리는 순간 삶 전부가 부정되는 탓이다. 맞아서 믿는다기보다 포기할 경우 부정되는 자신의 과거를 감당하지 못한다. 내가 택한 답이 오답이 될 수 있음을 받아들였다면 열린 마음으로 세상을 대할 수 있지 않았었을까. 정답에 대한 열린 마음이 있다면 실패한 선택에 직면한 상황에서 보다 현명한 길을 걸을 수 있다.

고교 시절 자유의 여신상이 뉴욕이 아닌 워싱턴에 있다고 주장하던 선생님이 있었다고 한다. 아는 분에게 들었던 이야기다. 워싱턴이 미국의 수도이고 자유의 여신상과 같은 상징적 동상은 그곳에 있어야 마땅하다는 게 선생님의 논리였다. 이순신 장군 동상이 서울 광화문에 있는 것처럼 말이다. 지금이야 인터넷으로 금방 확인되지만 그땐 그렇지 못했다. 여러 경로를 통해 확인 결과 뉴욕에 있음이 밝혀졌고 친구는 그 사실을 선생님께 보여 드렸다. 그 순간 날아온 것은 주먹이었다.

본인도 정답이 아닐 수 있음을 가정하고 있었다면 선생님은 다른 반응을 보이지 않았을까. 대학 시절 만났던 어떤 교수는 수업 중 비슷한 상황에서 "네 말을 인정"이라며 쿨하게 받아들였다. 훨씬 멋져 보이고 존경심도 생긴다. 선생님이라고 해서, 관련 분야에 정통한 교수라고 해서 늘 정답일 수는 없다.

시험은 대체적으로 정답을 찾는 방식으로 이뤄지는 한편 점수가 높은 사람은 칭찬을 받고 낮으면 벌을 받기도 한다. 정답을 많이 알면 훌륭한 사람이란 생각이 무의식 가운데 형성된다.

물론 정답을 많이 알고 있음의 유용성이 존재한다. 정답이 명확한 분야에서 많은 답을 알고 있는 사람은 훌륭한 지도책이 될 수 있다. 그러나 정답이 없는 분야까지 소급 적용되는 걸 피할 필요가 있다. 삶의 지혜는 30년 택시 운전을 한 평범한 눈에 더 담겨 있을 수 있다.

한편으로는 정답이 변하기에 삶이 역동적일 수 있다는 생각도 든다. 정답이 정해져 있다면 어쩌면 인생은 무미건조할 수 있다. 그러나 정답이 변하거나 없기에 의도대로 일이 되지 않고 그게 활력이 될 때도 있다. 피할 수 없는 자연의 순리라면 즐길 필요가 있지 않을까.

리더도 길을 정확히 모름

정답이 있다면 알고 있는 사람을 리더로 세우고 따르면 된다. 운전은 리더에게 맡기고 창밖 풍경이나 감상하며 인생길을 가면 된다. 모두가 편한 인생을 살 수 있다. 역사가 자주 택해왔던 '플라톤'식 사회구조였다. 지금도 시험에서 높은 점수를 얻는 사람, 즉 정답을 많이 맞힌 사람이 리더여야 한다는 생각이 강하다.

사실 인류의 원래 지도자들은 잘 싸우던 사람이었다. 주먹으로 리더가 됐다. 그러다 하늘과 땅의 정답을 안다고 생각되는 사람이 리더가 되기 시작한다. 혼란스러운 세상을 정리할 답이 있다고 생각했기 때문이다. 그들이 답을 찾을 수 있다고 믿었다.

그러나 그렇지 못했다. 역대 리더들이 못나서가 아니다. 정답이 없는 탓이다. 그럼에도 불구하고 권력을 쥔 그들은 본인의 생각과 행동이 정답인 양 포장했다. 오답이라고 지적하는 사람들에게 불방망이를 날렸다. 리더가 완벽하지 못하다는 걸 알아채기 시작하지만 이미 권력이 구조화되어 문제 제기는 힘들고 오랜 시간 억눌려 살아야 했다.

답을 알고 있는 양, 본인이 답을 마음대로 만들 수 있는 양 현혹하는 사이비 리더도 등장한다. 이를 바탕으로 맹신하는 지지자를 확보한다. 신도들은 무작정 믿고 따르게 된다. 정치인 중에도 이 같은 문화로 핵심 지지층을 만드는 이들도 있다.

이제 리더가 세상 모든 정답을 알고 있다는, 혹은 알아야 한다는 생각에서 벗어날 필요가 있다. 정답에 대한 왜곡된 믿음은 그만큼 왜곡된 리더만을 만들 뿐이다.

아울러 운전사가 길을 정확히 모른다면 승객은 풍경만 즐기기 힘들다. 지도도 펼쳐보고 여기저기 물어보기도 해야 한다. 이를 토대로 운전사에게 길에 관한 조언을 해야 한다. 똥고집을 심하게 부리는 운전사는 교체도 생각해야 한다. 승객 역시 인생길을 찾는 데 공동의 책임을 진다. 그만큼 골치 아프다. 그러나 이는 자연의 순리에 수긍하는 삶이다. 정답을 알고 있다고 믿었던 자들에게 뒤통수를 맞는 일은 줄어든다. 예전보다 정답에 대한 검증도 쉬워졌고, 승객의 보는 눈도 노련해졌다. 그만큼 더 책임질 수 있는 힘이 승객들에게 생겼다고 할 수 있다.

리더 입장도 마찬가지다. 책임을 나누기에 한 편으로는 마음 편하다. 본인이 완벽한 정답을 구사하는 신이 아님을 인정할 때 온전하게 세상을 볼 수 있고 오류에 빠져 구렁텅이로 들어가는 걸 조금 더 잘 막을 수 있다. 물론 우상이 되고 다른 계급이 되는 쾌감은 사라진다. 그러나 순리의 길이 어느 쪽인지는 자명하다.

확률로서의 정답

근대 과학은 절대 진리를 믿었다. 현실은 변화무쌍하지만 이면에는 절대 법칙이 있다고 생각했고, 그 법칙을 발견하는 게 과학의 의무라고 생각했으며 조금씩 증명되는 듯싶었다.

그러나 너무나 당연해 보였던 생각이 곧 한계에 부딪힌다. 그중 하나가 동전 던지기다. 고전 물리학에 따르면 특정 면이 도출되는 법칙이 있어야 한다. 즉 앞면이 나오게끔 할 수 있는 물리적 규칙이 존재해야 한다. 예측 불가능은 있을 수 없다. 하지만 누구도 발견하지 못했다.

결국 깔끔하게 인정하기 시작했다. 현대 물리학인 양자역학은 알 수 있는 것은 오로지 확률적 지식이며 절대 법칙은 없다고 이야기한다. 동전을 던졌을 때 특정 면만 나오는 법칙은 없다. 알 수 있는 사실은 특정 면이 나올 확률이 50%라는 점뿐이다.

이에 대해 아인슈타인은 신은 동전 갖고 장난을 치지 않는다면서 특정 면이 도출되는 물리법칙을 증명하려 했으나 실패했다. 그 뒤 아인슈타인은 '신이 인간을 버렸다'며 한숨을 토로했다고 한다. 그러나 태초부터 신은 인간 위주로 세상을 구성하지 않았다. 독일 출신 유대 과학자에게는 믿기지 않는 현실이었으리라.

이 같은 변화를 반영해 일기 예보는 최근 확률로 이야기한다. 비가 올 확률이 30% 혹은 80%라고 예측한다. 30%면 가능성이 낮고 80%면 비가 거의 온다고 봐야 한다. 그럼에도 불구하고 그렇지 않을 가능성은 열어둔다. 확률로서의 일기 예보는 정답의 현실적 존재 방식을 반영한 셈이다.

사회적 영역도 확률적으로 정답을 받아들이고 활용할 필요가 있지 않을까. 예컨대 '부지런히 일하면 성공할 수 있다'는 명제는 2대8의 법칙을 적용해, 정답 확률이 '최대 20%'라고 가정하거나 생각하는 방식이다. 80%의 부를 20% 사람이 보유하는 게 현실이라면 모든 사람이 부지런히 일하고 공정한 경쟁이 이뤄져도 부자가 되는 사람은 20%밖에 되지 않을 가능성이 크기 때문이다.

정부는 매년 다음 해 경제 성장률을 전망하지만 한 번도 맞춘 적이 없다. 지금과 달리 확률적으로 정의해 보면 어떨까. 예컨대 2% 성장할 확률은 50%, 1% 성장할 확률은 30% 등으로 정의한다. 다양한 상황을 염두에 둔 가운데 미래를 준비할 수 있도록 해주지 않을까.

여전히 100%를 향해 달려야 한다고 말하는 사람들이 있다. 일기 예보도 100% 정확해야 하고, 경제 전망도 100% 맞아야 한다고 주장한다. 이를 위한 노력은 분명 의미가 있다. 설사 찾지 못하더라도 그 과정이 인류에 도움을 줄 수도 있다. 연금술은 금을 만드는 데에는 실패했으나 화학이란 학문을 발전시키기도 했다.

그러나 100% 정답이 되기 전까지는 확률적으로 받아들일 필요도 있지 않을까. 100% 정답이 아닌데 정답이라고 우길 필요는 없다. 다양한 가능성을 염두에 둘 수 있어야 미래를 볼 수 있는 안목도 생긴다.

사주팔자라는 게 있다. 태어난 해, 월, 일, 시라는 4가지 요소를 바탕으로 운명이 결정된다고 말한다. 따라서 미래 예측도 가능하다. 그 미래에 공무원 시험 합격이 예정되어 있다면 공부를 계속하고, 그런 운이 없다면 포기하면 된다. 그걸 확인하기 위해 점을 보게 되고 믿고 따르게 된다. 〈하룻밤에 깨닫는 주역〉을 출간한 이후 인생길에 대한 컨설팅을 하면서, 이렇듯 결정된 미래에 대한 욕망이 크다는 걸 절감했다. 용한 점쟁이로 불리는 사람은 그 미래를 정확히 맞출 수 있는 사람이다.

그러나 결정된 건 아무것도 없다. 누구도 알 수 없다. 다만 알 수 있는 게 있다. 확률적 지식이다. 용한 점쟁이는 사람의 표정에서 과거에 있었을 가능성이 큰 사실을 잘 끄집어내고, 그 과거를 바탕으로 미래의 가능성을 잘 이야기하는 사람이지 않을까. 예컨대 동전 던지기에서 앞면이 여섯 번 나왔다면 이제 뒷면이 나올 가능성이 크다는 걸 잘 파악하는 것과 같다. 주역 역시 그 확률적 가능성을 잘 끄집어낸 책이라고 할 수 있다.

---- 66 ----

정답의 패러다임 시프트

---- 99 ----

특정 조건과 정답이 연계되는 경우가 있다. 어두울 땐 방에 불을 켜는 게 정답이다. 밖이 환한 데 켠 불은 정답이 아닌 낭비다. 추운 겨울 두꺼운 외투를 입는 건 정답이지만 땡볕에 입으면 미친 짓이다.

절대적인 답이 없다면 상황 변화에 따라 답도 바뀔 수 있어야 한다. 패러다임 시프트가 필요하다. 이는 변절도 아니고 과거 답이 잘못됐다는 비난도 아니다. 변화에 맞는 답을 적용할 뿐이다.

1970년대 대한민국의 모토 중 하나는 저축은 국력이었다. 열심히 저축하는 사람이 영웅 대접을 받았다. 학생들은 반드시 통장을 개설에 저축하는 습관을 기르도록 했다. 저축을 많이 한 사람에게 국가는 상도 줬다. 국민이 알뜰하게 모은 돈을 활용해 대한민국은 경제 개발에 성공했다. 반면 사치가 심하거나 외제를 좋아하는 이들은 손가락질 대상이었다. 이런 경우 저축은 국력이고, 소비는 매국 행위로 평가된다.

그런데 변화된 상황에서 과도한 저축은 국가적 재앙이 되기도 한다. 저축에 국민이 집착하면 소비가 줄고 기업이 물건을 만들어도 팔 곳이 없기 때문이다. 일본이 장기 침체를 겪은 이유 중 하나가 국민이 소비 대신 저축을 많이 했기 때문이다. 소비 유도를 위해 마이너스 금리를 택했지만 별 효과가 없었다. 이런 경우 저축은 국력이 아닌 골칫거리다.

그러면서 정답이 바뀐다. 매국이었던 소비가 미덕이 된다. 일본뿐만 아니라 우리나라도 비슷하게 변화했다. 1997년 IMF 금융위기 이후 정부는 소비의 미덕을 강조했다. 소비자가 많이 써야 기업들이 살아나고, 그게 곧 애국하는 길이라고 강조했다. 금융 당국은 신용카드 발급 요건을 완화했고, 신난 국민은 소득에 상관없이 카드를 마구 긁었다. 덕분에 초토화된 산업을 일으켜 세울 수 있었다. 반면 일부 국민의 신용이 초토화됐다. 카드연체로 신용불량자가 양산됐다. 이후 소비는 미덕이란 슬로건도 슬그머니 자취를 감췄다.

제로 금리 시대인 2020년은 저축대신 투자가 강조되고 있다. 낮은 금리는 은행에 돈을 맡겨봐야 이득이 생기지 않으니, 소비나 투자 등에 돈을 쓰라는 정부의 신호다. 부동산과 주식 가격이 폭등하는 결과를 만들고 있다.

예전 프로야구 명장으로 이름을 떨친 김성근 감독은 훈련을 강조했다. 정규 시즌 중에도 시합이 끝나면 선수들을 새벽까지 연습시켰다. 여러 차례 한국 시리즈를 제패하자 그의 방식이 정답처럼 받아들여지는 분위기가 프로야구에 팽배해졌다. 순위가 하위권인 팀의 선수들은 연습을 안 한 게으른 사람 취급을 받았다. 팬들은 더 많이 훈련하라고 팀과 선수들을 압박했다.

그러자 김성근 감독은 "나의 방식이 정답은 아니라고 생각하고 다른 감독들이 굳이 따라 할 필요가 없다. 각자의 방식으로 팀을 운영하면 된다. 그래야 경기가 더 풍부해진다"고 이야기했다.

그럼에도 불구하고 그의 방식은 당시 시대를 지배하는 패러다임이었음은 분명하다. 그리고 본인이 지휘하던 팀의 성적이 급락하자 슬그머니 자취를 감췄다.

민주주의는 다양한 정답의 경쟁

'독재 타도, 민주 쟁취'를 외치던 80년대 학생들에게 민주주의는 유토피아였다. 시민이 주인 되고, 권력이 국민으로부터 나오는 한 번도 실현된 적 없는 선진국의 이상향이었다. 민주주의가 되면 모든 문제가 해결된다고 믿어졌다. 유토피아로서 민주주의는 대한민국을 바꾸는 힘이었다. 1987년 독재자가 항복하는 순간 사람들은 유토피아를 상상했다.

하지만 민주적 공간이 열리자 잠재되어있던 반독재 투사들의 권력욕이 드러났다. 양대 세력이던 김대중과 김영삼은 따로 당을 만들어 대통령 선거에 나섬으로써 군부 출신 노태우의 어부지리 집권을 허락한다. 시민들은 그 순간 좌절했으나 동시에 민주주의가 유토피아와 동의어가 아님을 조금씩 깨닫기 시작했다.

이제 민주주의를 이데아에서 현실로 끌어내릴 필요가 있다. 현실의 민주주의는 정답이 없음을 인정하는 시스템 혹은 모두가 정답이 될 수 있음을 인정하는 시스템이라고 할 수 있다. 인간이 택할 수 있는 가장 합리적 방법으로 다른 생각 혹은 다양한 욕망이 경합하도록 세팅됐을 뿐이다.

독재자는 그걸 거부하고 본인만이 진리이고 길이라고 했기에 시민들은 저항했다. 진보나 보수를 떠나 본인만이 정답이라고 우긴다면 독재다. 북한이 인민을 위하는 나라라고 선전하지만 독재인 이유는 오로지 수령님 말씀만 정답으로 받아들이기 때문이다.

보수와 진보는 보다 나은 사회를 향한 각자의 믿음을 체계화한 논리다. 그 안에는 정답의 문제가 있고, 양 진영 모두 확률적 타당성을 갖고 있다. 민주주의는 그 정답들이 경쟁하는 장이자, 토론하고 경합하는 규칙이다. 하나에 의해 다른 하나가 대체되어야 민주적 완전체가 될 수 있다는 생각은 배제되어야 한다.

그런 점에서 다수결의 원칙은 가장 많은 사람이 공감하는 쪽을 택한다는 합의다. 때론 다수의 선택이 오답에 가까울 수 있다. 지동설을 주장한 갈릴레오가 당시 다수가 생각했던 천동설보다 더 정답이었다. 그러나 매일 해가 뜨고 지는 걸 보는 일반인들에게 지구가 돈다는 건 머리가 돈 사람의 미친 주장일 뿐이었다. 따라서 사실과 다를지라도 다수는 천동설을 지지했다. 다수는 이런 점에서 언제나 정답은 아니다. 그래도 정답의 가능성을 높이는 최선의 룰이기에 민주주의는 이를 택한다.

같은 맥락에서 소수 의견도 존중되어야 한다. 또 다른 통찰력이 담겨있기 때문이고 완전한 오답도 아니다. 그걸 무시하지 않는 게 민주주의일 뿐 아니라 세상을 사실적으로 보는 방법이다.

" 존재하는 것은 변화일 뿐 "

젊은 청춘은 늙는다는 상상을 하기 쉽지 않다. 겨울에 태어난 하루살이가 봄을 이해 못 하듯 경험하지 못한 세계이기 때문이다. 아울러 늙지 않기를 소망한다. 그러나 결국 노인으로 변한다. 세상도 변하고 자연도 변하고 인간도 변한다.

변화는 눈에 보이는 사실 자체다. 있는 그대로 받아들이면 된다. 세상에 변하지 않는 게 없다. 따로 특별히 할 이야기도 없는 주제다. 문제는 지난 2500년 인간 역사가 변화를 있는 그대로 받아들이지 않았다는 점이다. 변화 안에 변하지 않는 무엇이 있다고 생각했다. 우리가 먹는 사과는 매일 다르지만 변하지 않는 개념의 이데아가 그 안에 언제나 있다고 믿었다. 그 진리를 찾아내면 늙지 않고 영원히 젊을 수 있는 길도 알 수 있다고 상상했다.

변화 과정 자체를 진리로 이해하기도 했다. 변화는 발전이고, 법칙에 따라 진행되며 그 끝에 변하지 않는 유토피아가 있다고 생각했다. 마르크스의 역사 유물론이 대표적이다. 그는 생산력 발전에 따라 생산 양식이 노예제 봉건제 자본주의 공산주의로 발전하게끔 되어 있다고 주장했다. 과학이었고 진리였으며 발전이었다. 헤겔 역시 인간 역사를 진리의 합법칙적 전개로 표현했다. 찰스 다윈은 생물의 변화를 진화로 설명했다. 지구 생명체는 단순한 종에서 복잡한 종으로 발전해왔고 그 끝에 인간이 있다고 설명한다.

정답은 없고 변화만 있을 뿐이라고 이야기할 때 변화는 정답 혹은 발전을 뜻하지 않는다. 역사 발전의 합법칙성이 내재되어 있다고 생각하지도 않는다. 그저 변할 뿐이다. 따라서 인간 역사는 발전할 수도 있고 퇴보할 수도 있다. 한때 지구를 지배했던 공룡처럼 언제든 없어질 가능성이 존재한다.

그런 점에서 긴장감이 필요하다. 역사 발전의 합법칙성을 진리처럼 믿으면 인류는 멸망하지 않는다는 가정에 빠져 치명적 오류를 범할 수도 있다. 핵무기 보유가 사실 이와 같다. 핵무기를 머리에 이고 사는 이유는 '설마 멸망하겠어'라는 생각인데, 그 출발은 인류 역사는 발전한다는 도그마가 아닐까 싶다. 그렇지 않다면 인류는 지금 핵무기 폐기를 요구하며 들고 일어나야 한다.

주사위를 던져 어떤 숫자가 나올지 모르는 것과 같이 내일 어떤 변화가 발생할지 아무도 모른다. 이것이 자연의 순리다. 따라서 인생을 살면서 생각지도 못한 변화를 마주하게 된다. 영원불멸을 소망하기보다 변화에 잘 적응하려는 노력이 더 필요하다.

제5장

자유와 균형

" 진리가 인간을 자유롭게 하지 못함 왜? "

자유로 표현되는 삶의 양식은 인간을 포함한 모든 생명체에게 소중하다. 유토피아도 자유와 깊게 연관되어 있다. 유토피아에 도달하면 원하는 자유를 얻을 수 있다고 생각했다.

유토피아는 그런 점에서 자유를 찾아가는 설계도였다. 공자는 어진 왕이 다스리면 누가 왕인지 모를 만큼 풍요와 자유가 넘치는 나라가 된다고 생각했다. 서양 역사에서는 진리(정답)가 자유와 깊은 관계가 있었다. 성경 구절인 '진리가 너희를 자유롭게 하리라'가 이를 대변한다. 진리는 신의 뜻이었고, 뜻을 이해하면 앞이 환해지고 자유가 찾아온다고 생각했다.

근대를 거치며 진리는 자연에 숨겨진 법칙이었다. 그 안에 신이 감춰놓은 질문의 답이 있다고 사람들은 생각했다. 그 답을 찾아내면, 즉 자연법칙을 알면 하늘도 날고, 비도 내리고, 지진도 막을 수 있다고 믿었다. 수수께끼를 풀어냄으로써 인간을 제약했던 자연을 지배하고 자유를 획득한다고 확신했다. 만물의 영장 인간이 신이 선물한 자연을 마음껏 향유한다.

문제는 그 안에서 우리가 원하는 자유를 얻지 못했다는 점이다. 과학 발전은 인간이 자연의 지배자가 아님을, 우물 안 개구리처럼 작은 하늘만 본 상태에서 전부 이해한 듯 우쭐거렸음을 알게 해준다. 동굴의 앞쪽만 불을 밝혀 본 가운데 전부를 알게 됐다고 착각했다. 하늘을 날고, 새로운 농작물을 만들고, 휴대폰을 사용하는 등 다양한 분야에서 자유로움을 얻었지만 동시에 자연은 수십 수백 배 더 깊은 미지의 영역을 보여줬다.

사회적 구조를 완전히 이해하면 자유가 찾아온다는 믿음 역시 그 뜻에 부합하지 못했다. 사회구조에 숨겨진 정답이 있다는 것 자체도 부정되고 있다. 풍요가 자유를 선물할 것이라는 생각도 마찬가지다. 풍요는 오히려 더 많은 굴레를 만들기도 했다. 분업과 교환을 바탕으로 한 시장경제는 풍요를 선사했으나 거미줄처럼 얽힌 사슬 한 곳이 끊어지면 전체가 사용 불능에 빠질 가능성도 증가했다. 그물망처럼 짜인 항공망은 사람뿐만 아니라 코로나바이러스도 순식간에 전 세계로 전파했다.

진리의 추구가 하나의 정답을 강요함으로써 자유를 억압하기도 했다. 중세시대 유럽과 중동에서는 종교와 그에 따른 규칙이 강요됐다. 조선시대에는 예법이 사람들을 옥쵔다. 지금도 그 문화가 여전히 남아 있다. 스윙 연습을 열심히 하면 훌륭한 야구 선수가 될 수 있는 것처럼 인사를 열심히 잘하면 훌륭한 사람이 될 수 있다고 조선 시대 이율곡은 주장했다. 그의 생각은 훌륭했다. 그러나 정답은 아니다. 따라서 문제를 발생시킨다. 현실 속에서 자연스러움을 왜곡했다. 인사 한번 잘못한 사람을 천하의 몹쓸 놈으로 몰아가는 데 이용된다. 지위가 낮거나 나이가 어린 사람을 억누르는 장치로 활용된다. 지금도 젊은이들이 대들면 버릇없다는 말로 입을 막아 표현의 자유를 억누르는 경우가 허다하다.

그런 점에서 진리와 정답의 강박에서 벗어나는 게 자유의 첫 단계라고 할 수 있다. 타인에게 나의 정답을 강요하는 일도 줄고 타인들도 그들의 정답을 강요하지 않는다. 모든 생각이 완전한 정답은 아니기에 본인의 선택을 스스로 결정하도록 할 수 있다. 근대 이후 이 같은 생각이 퍼지면서 자유는 이제 욕망하는 바를 스스로 택할 수 있는 선택의 자유가 핵심으로 자리 잡았다.

〈자유론〉의 저자 존 스튜어트 밀은 그래서 자유를 '타인에게 피해를 주지 않는 범위에서 본인 의지에 따르는 것'으로 규정한다. 따라서 하나님의 말씀이라고 해서, 진리라고 해서, 다수의 의견이라고 해서 상대방에게 특정한 생각과 행위를 강요한다면 이는 곧 자유에 대한 억압이다. 이 같은 원칙하에 밀은 양심의 자유, 사상의 자유, 표현의 자유, 선택의 자유와 아울러 집회 결사의 자유가 보장되어야 한다고 말한다. 자유민주주를 택한 국가들은 밀이 규정한 자유의 원칙을 헌법에 명시하는 경우가 대부분이다.

자유와 대립물의 균형

자유가 소중하지만, 안타깝게도 무한의 자유가 보장될 수는 없다. 그 역시 또 하나의 유토피아적 몽상일 수밖에 없다. 자유로운 순간이 있다면 그렇지 못한 때가 있다. 자유로운 순간의 그 상쾌함이 언제나 존재하기를 바라지만 대립물의 균형으로 움직이는 세상에서는 그럴 수 없다.

예컨대 직장에서 일할 때 보다 집에서 쉴 때 더 자유롭다. 하지만 자유가 아무리 소중해도 직장까지 그만둘 수는 없다. 직장에 나가는 이상 그 안에 존재하는 규율을 존중해야 한다. 물론 더 자유로운 삶을 위해 직장을 그만둘 수도 있다. 개인의 선택은 자유다. 그러나 분명 금전적 제약이 발생한다. 먹고 싶고 하고 싶은 걸 절제해야 한다. 새로운 균형점으로 이동이 필요하다.

선진국이 될수록, 민주주의가 진전될수록 자유가 더 늘어나야 한다고 생각하는 이들도 있다. 그러나 인간이 원한다고 무한정 늘릴 수 없다. 늘어난 자유를 원래 위치로 돌리려는 반작용이 존재하기 때문이고 나의 자유와 상대의 자유가 대립하기 때문이다.

노자와 장자의 철학에 근거한 소위 노장사상에는 무한 자유에 대한 희망이 담겨있다. 자유를 절대적 가치로 놓고 사회적 규범적 통제에서 벗어나야 한다고 말한다. 벗어나는 방법은 산속으로 들어가는 길 뿐이다. 노장사상이 속세를 떠났던 이유가 여기에 있었다. 산속에서 사회적 제약뿐 아니라 자연적 제약에서도 벗어나 영생하는 신선의 꿈을 꾸는 이들도 있었다. 물론 신선이 됐다는 증거는 없다. 사회적 제약을 피해 자연인처럼 산 속에서 살 경우 오히려 자연의 제약에 보다 순응하면서 살 수밖에 없다.

무엇인가를 많이 소유하면 자유로울 수 있다는 생각도 순리가 허락하지 않는 생각일 뿐이다. 대표적인 게 돈이다. 부자가 되면 보통사람보다 특별한 자유를 누릴 수는 있다. 벤츠도 탈 수도 있고 해외여행도 자주 다닐 수 있다. 돈이 없어 할 수 없는 일은 줄어든다. 그러나 순리를 넘어설 수는 없다. 마음껏 먹고 마실 수 있지만 그러면 비만과 알코올 중독으로 이어진다. 주변의 질투도 늘어나고 재산을 지키기 위한 고민도 증가한다. 그 사실을 인지할 때 반작용 에너지로부터 덜 손상을 입을 수 있다.

결과적으로 자유로운 행위는 반작용 에너지를 만들고 그 반작용은 자유를 제약한다. 안타깝지만 그걸 넘어설 수는 없다. 절벽에서 새처럼 날 수 있는 날이 온다고 해도 무한의 자유가 찾아오지 않는다. 그걸 인지할 때 겸손할 수 있고, 자유에 대한 욕망이 마음에 상처를 만드는 일을 줄일 수 있다.

"
자유의 최적 균형점 찾기
"

　결국, 인간의 기본 속성으로서의 자유를 이야기할 때 중요한 점은 자유를 무한히 늘리는 게 아닌 최적의 균형점을 스스로 선택할 수 있어야 한다는 게 아닐까. 자유의 핵심은 선택의 자유인데, 본인에게 최적인 균형점을 찾을 필요가 있다. 아울러 주어진 조건 안에서 최선의 길을 택할 수 있는 자유가 주어져야 한다. 사회적 자연적 제약의 틀 안에서 각자의 성격과 조건에 맞는 길을 걸을 수 있어야 한다.

　더불어 그 선택이 정답은 아니다. 따라서 스스로 했던 선택이 후회스러울 수도 있다. 그럼에도 불구하고 자유롭게 택할 수 있어야 한다. 부모님이 반대하는 결혼을 할 수도 있고, 부모님의 뜻을 따를 수도 있다. 다만 그 자체를 스스로 택할 수 있어야 한다. 그 안에서 본인이 자유와 제약의 균형점을 찾아야 한다. 자유롭게 자발적 의지에 근거한 선택이 이뤄질 때 자유는 빛이 나고 그에 따른 책임의식도 강해진다.

　아울러 타인의 선택에 대한 존중이 필요하다. 자식이 머리를 노랗게 물들였다면 그 선택을 존중해야 한다. 더불어 그런 머리를 싫어하는 부모의 생각도 존중받아야 한다. 아울러 다른 두 생각이 가족이란 틀에서 균형점을 찾을 수 있어야 한다. 그 안에서 자유와 인간 본성을 하나의 잣대로 재단하고 가위질하는 정답의 방식을 넘어설 수 있다.

결과적으로 나와 상대 사이에 존재하는 대립된 긴장을 인정하는 게 자유의 균형이라고 할 수 있다. 하나에 의해 다른 하나가 억압되지 않는다. 자유는 결국 각각의 자유가 대립물의 균형 안에서 긴장감을 유지한다. 정답은 없다. 그 균형이 때론 갈등을 만들 수도 있다. 어쩔 수 없다. 정답이 없기에 세상을 하나의 생각으로 통일할 수 없다.

공자가 죽음을 앞둔 나이 70에 실천했던 삶이 종심소욕불유구 從心所欲不踰矩다. 뜻대로 살되 순리에서 벗어나지 않는다는 의미다. 결과적으로 인간이 누릴 수 있는 자유의 균형이 이런 게 아닐까 싶다.

먹고 싶은 걸 마음대로 먹으면 어떻게 될까. 자유를 누리는 듯싶어도 결국 비만과 성인병으로 고생한다. 더 많은 자유가 박탈된다. 자유롭게 먹되 과하지 않도록 절제하는 게 공자가 말한 종심소욕불유구라고 할 수 있다. 반면 마음껏 먹는 자유를 누린다면 비만의 고통을 받아들여야 한다. 마음껏 먹고도 살이 찌지 않기를 바라는 욕망은 순리가 아니다.

———— " ————

자유와 국가 통제의 균형

———— " ————

독재자들은 사회를 흘러가는 대로 놔둘 경우 아수라장이 되기에 통제가 잘 이뤄져야 시민의 자유가 보장된다고 말한다. 독재자에게 근거를 제시한 사람은 프랑스 철학자 홉스다. 그는 사회는 만인에 대한 만인의 투쟁이 벌어지는 곳으로 국가가 잘 다스리지 않으면 안 된다고 말했다. 보이지 않는 손에 의해 사회 스스로 질서를 찾아간다는 아담 스미스와 반대다.

무정부주의나 극단적 자유주의는 반대로 인간의 무한 자유가 보장되는 세상을 유토피아적으로 꿈꾼다. 국가와 개인은 대립물의 균형관계인데, 무정부주의는 개인에 의해 정부를 해체하는, 즉 한쪽이 다른 한 쪽을 무너뜨림으로써 자유가 보장된다는 생각을 하고 있다고 봐야 할 것이다. 그러나 이는 불가능하다. 정부가 존재하기 때문이 아닌 본질적으로 사라질 수 없기 때문이다. 그게 자연의 순리인 탓이다.

시장의 무한 자유를 향한 경험이 이걸 반증했다. 고전 경제학은 개인의 경제적 활동에 자유를 보장하면 나머지는 보이지 않는 손이 해결한다고 믿었다. 경제적 무정부주의를 꿈꿨다고도 할 수 있다. 그러나 보이지 않는 손은 인간 편이 아니다. 경제 활동의 무한 자유가 독점과 빈부 격차를 심화시키고 경기 침체를 유발해 오히려 인간의 본질적 자유를 구속했다. 기업 활동의 자유는 독점기업이라는 경제적 독재와 불균형을 만들어 자유를 더 축소하는 결과를 초래했다. 결국 시장의 완전한 자유를 추구했던 고전 경제학은 국가의 통제 필요성을 받아들인다.

결과적으로 자연의 풍경이 말하는 바는 사회 안에는 질서와 무질서가 대립물의 균형 상태로 존재한다는 사실이다. 질서의 반작용은 무질서를 만들고, 무질서의 반작용은 질서를 만든다. 홉스가 말했듯이 만인에 대한 만인의 투쟁이 만드는 혼란도 존재하는 동시에 질서를 잡아가는 보이지 않는 손도 활동한다. 물론 그 어떤 혼란도 보이지 않는 손이 해결을 해주기는 한다. 동물들은 국가 없이도 보이지 않는 손이 펼치는 순리에 따라 양육강식의 초원에서 살아간다. 그러나 앞서 2장에서 봤듯이 모든 걸 보이지 않는 손에게 맡기면 21세기 인간 사회는 원시 사회가 될 때까지 생지옥과 천국을 빈번하게 오갈 가능성이 상당히 높다.

그걸 막는 방편으로 국가는 등장했다. 그런 점에서 국가는 자연적 무질서의 반작용 에너지가 응집한 실체라고 할 수 있다. 대신 국민들은 국가의 통제를 받게 된다. 국가는 사회의 무질서를 정리해줌으로써 개인의 자유를 보장하는 동시에 각종 규제를 통해 개인의 자유를 통제한다. 실제 무인도에 표류할 경우 초반엔 혼란스럽지만 결국 대표를 뽑고 그를 중심으로 움직임을 택할 가능성이 높다. 그게 순리에 순응하는 삶이다.

결국 사회적 측면에서의 자유와 통제 역시 최적의 균형점을 찾는 게 필요하다. 다만 사회적 균형점은 생각이 다른 개인들의 존재로 인해 균형점 찾기가 쉽지 않다. 예컨대 개인적으로는 자유로운 사회를 꿈꾸지만 사회적 통제가 강한 상태에서 살아야 할 때도 있다. 아울러 같은 생각을 갖고 있는 사람이 많을 때 균형점은 움직일 수 있다. 예컨대 독재자에 저항하는 시민들이 늘면 보다 자유로운 사회로 변할 수 있다.

각 사회에서는 자유와 통제의 균형점이 어디에 위치해야 하는지에 관한 논란도 자주 벌어진다. 좀 더 많은 자유가 필요한지 통제가 요구되는지에 대한 논쟁이다. 동성애나 대마초 등 특정 이슈를 중심으로 이뤄지는데, 각국은 서로 다른 균형점에 서 있다. 물론 정답은 없다. 따라서 논쟁이 싸움으로 변질 되기도 한다. 그러나 사회적 규칙을 정해야 하기에 결론이 필요하다. 피할 수 없는 흔들리는 뱃놀이라면 즐기는 편이 낫지 않을까 싶다. 크게 곧 균형사회의 모습이라고 할 수 있다.

개인과 국가의 최적 균형점

개인과 국가는 대립물의 균형을 이루며, 균형의 4분면을 오간다. 국가적 통제가 강할 때가 있고, 개인의 자유가 강할 때가 있다. 둘이 약한 균형을 이룰 때도 강한 균형을 이룰 때도 있다.

민주국가에서 쿠데타 등으로 집권한 정부는 시민에게 자유를 선사할 경우 데모에 나설 확률이 높기에 통제와 억압을 가할 수밖에 없다. 전쟁 등 비상상황에서도 국가 통제는 어쩔 수 없이 강해진다. 자유가 억압되고, 삶이 부자연스러워진다. 균형이 한 쪽으로 치우친 상태가 된다.

반대의 상황도 존재한다. 자유가 넘쳐나는 상황이다. 흔히 이야기하는 무정부 상태가 이와 같으리라. 독재자를 무너뜨리는 순간 시민들은 강압적 통제에서 해방될 수 있다. 동시에 무질서도 함께 찾아온다. 1980년 서울의 봄이 이와 같았다고 할 수 있다. 우왕좌왕하면서 질서를 유지하는 방법을 찾는다. 그 와중에 전두환이 쿠데타를 바탕으로 본인들이 질서를 잡겠다고 나서면서 국가적 통제가 강한 상태로 바뀌었다.

우리가 흔히 말하는 성숙한 시민사회는 국가와 개인이 약한 상태의 균형을 이룬 상황으로 볼 수 있지 않을까. 각 개인의 자발적 절제를 바탕으로 국가적 통제 역시 줄어든다. 반대로 국가와 시민이 힘 대 힘으로 강하게 충돌하는 경우도 발생한다. 1987년 6월항쟁 당시 대한민국이 이 같은 상태에 있었다고 할 수 있다.

대한민국은 통제가 강한 문화를 오랫동안 유지해왔었다. 성리학적 예의범절의 전통에 보태 군사 정권 아래서 통제와 규율이 강조되었던 탓이다. 1960년대 대한민국에서 남자는 머리도 제대로 기르지 못했고 여성은 미니스커트도 입지 못했다. 길거리에서 경찰이 단속했고, 걸리면 남성 장발의 경우 가위로 거침없이 현장에서 머리카락이 잘렸다.

이후 자유가 더 보장된 쪽으로 균형점이 움직여 왔다. 아울러 자유가 더 많이 보장되는 쪽으로 움직여야 한다는 흐름이 강하다. 그래야 숨 쉴 공간이 생기기 때문이다. 사회가 복잡해질수록 통제를 바탕으로 한 시스템은 유지하기도 어렵다.

그러나 통제가 강해지는 상태로 언제든 움직일 수 있다. 코로나 사태에 직면해 자유주의 국가들은 도시를 봉쇄하고 시민들의 여행을 금지하는 등 자유를 보다 억압하는 국면으로 접어들었다. 일부 국가에서는 집권세력이 코로나 사태를 권력 강화에 이용하기도 했다. 이처럼 비상상황이 발생할 가능성은 언제나 존재한다.

국가도 개인과 마찬가지로 하나의 객체로서 자유와 균형의 최적점을 찾을 필요가 있다. 예컨대 마음껏 자유를 누리고 싶지만 그럴 경우 개인의 자유가 박탈당하고 이에 따른 시민의 저항이 심해진다. 돈을 마음껏 찍어 펑펑 쓰는 자유의 유혹이 있지만, 개인도 국가도 빈털터리가 된다.

아울러 권력자는 영원히 권력을 갖고 싶지만 적당한 수준에서 내려놓을 줄 알아야 한다. 그렇지 않으면 강제로 끌려 내려오게 되어 있다. 자연의 강제 조정에 앞서 바람의 방향을 스스로 따를 필요가 있다. 이렇듯 순리를 인식한 가운데 움직이는 사회가 균형 국가라고 할 수 있지 않을까.

"
자유를 차별하지 않는 게 평등
"

평등은 자유와 동전의 양면이다. 특권적 자유 대신 보편적 자유가 보장되는 게 곧 평등이다.

예컨대 예전 군대의 경우 내무반에서 병장은 아무렇게나 할 자유가 있는 반면 이등병은 반대였다. '계급이 깡패'란 말이 생겼다. 지금은 잘 모르겠다. 여하튼 역할의 차이는 존재하지만, 자유의 차별은 군대와 아무런 관계가 없다. 사라진다고 군기가 무너지지 않는다.

나아가 사령관은 대감마님이고 사병은 머슴쯤으로 간주하는 봉건적 리더십도 군대 내부에 여전히 존재하는 경우가 있다. 국방의 의무를 위해 입대한 청년을 조선 시대 종 다루듯이 하고도 장군이라는 사람들이 죄책감이 없다. 우리 문화에 존재하는 독재적요소다. 장교와 사병은 역할이 다를 뿐 같은 값의 사람이다.

갑질로 대변되는 문화적 양태도 이와 같다. 사장은 직원을, 고객은 종업원을, 의원은 공무원을 을로 생각하고 하대하면서 그들의 자유를 박탈하고 불평등한 관계를 조성한다. 아파트 경비를 머슴으로 생각하는 일부 입주민의 태도도 마찬가지다. 이렇듯 직위상의 우위, 성별 혹은 나이 등 차이가 계급이 되는 문화에서 벗어날 필요가 있다. 이 같은 차별에서 보다 자유로워질 때 평등성도 증가한다.

그런 점에서 사장과 직원이 똑같은 일을 하는 게 평등이 아니다. 역할이 다르더라도 같은 사람이란 사실을 잊지 않는 것이 평등이다. 지위를 배경으로 상대의 자유를 억압하지 않는다. 미국 대학에서는 교수와 청소부가 같은 교직원 휴게소를 자유롭게 사용한다고 한다. 하는 일은 다르지만 교직원으로 같은 권리를 향유한다. 그 안에 존재하는 게 민주주의의 자유와 평등이다.

자유는 아울러 모든 사람이 같은 방향을 봐야 한다는 식의 보편성을 압박하지 않을 때 가능해지는 면이 있다. 있는 그대로 받아들이고 개성을 존중하며 다른 모습으로 태어났음을 인정할 필요가 있다. 차이를 차별로 변질시키지 않는다. 특색을 하나의 틀에 찍어 붕어빵을 만들려 하지 않는다. 그럴 때 오히려 개인의 자유와 사회적 평등이 증가한다.

예컨대 돈이 없어서 비싼 소고기를 먹지 못할 수도 있다. 그러나 모든 사람이 돈 많이 벌어 소고기 먹는 삶을 살아야 한다고 정답을 정하지 않는다. 그럴 수 있는 사람과 그렇지 못한 사람을 계급으로 구분하지도 않는다. 돈에 관심 없는 태도 역시 존중받는다. 게으르다거나 낙오자라는 낙인을 찍지 않는다. 이런 게 자유로움에 근거한 평등의 핵심이 아닐까.

 누군가는 자유의지에 따라 가난하더라도 속편한 삶을 택할 수 있고, 누군가는 스트레스가 심하더라도 사회적 출세의 길을 택할 수 있다. 어떤 길이 옳다거나 반드시 가야 한다는 사회적 구속을 최소화할 필요가 있다.

 이는 곧 출세가 계급이 되거나 옳고 그름이 되지 않도록 하는 것이기도 하다. 출세를 원하는 사람은 출세의 길을 택하고 그게 싫은 사람은 다른 길을 갈 수 있다. 좋고 나쁨이 아닌 각자의 자유로운 선택이 있을 뿐이다. 사회적 보람과 개인적 성취를 위해 출세에 나서거나, 국가에 봉사하기 위해 정치인이 되는 선택은 자유다. 그들의 공익을 위한 노력은 존경받아야 한다. 하지만 권력을 이용해 인민의 자유를 억압하는 한편 본인들의 특권적 자유를 확대하는 데 골몰한다면 비난받아야 한다.

 부자들이 본인 돈으로 비싼 차를 타고 산해진미를 즐기는 행위는 자유다. 그러나 돈으로 계급을 형성해 타인의 자유로움을 방해한다면 제약이 필요하다. 나의 자유가 조금씩 박탈되는 탓이다. 삼성이 마음대로 사업하는 자유도 중요하지만, 삼성과 같은 기업을 누구나 만들 수 있는 가능성의 자유가 기득권에 의해 억압되어서도 안 된다. 자유주의 국가들이 엄한 규율로 독점을 감시하는 이유가 여기에 있다.

자유와 사회적 효율

자유가 아무리 좋더라도 비효율적이면 의미가 줄어든다. 목표를 세우고 일사불란하게 사람들을 동원해 성취하는 게 더 효율적이면 자유로움에 대한 주장은 설득력이 떨어질 수 있다. 그러나 역사는 꼭 그렇지 않음을 증명했다. 앞서 봤던 것처럼 자유주의 국가였던 영국은 19세기 군국주의 독일 등을 무너뜨렸다. 이후 자유민주주의의 상징 미국은 사회주의 독재와 벌였던 경쟁에서 승리한다.

늘 자유주의가 이긴다는 식의 도그마는 없다. 그러나 사회가 복잡할수록 국가 통제보다는 자유에 근거한 질서가 효율적이었음은 분명하다. 예컨대 상품이 많아질수록 시장 가격으로 수요와 공급을 결정하는 게 국가의 결정보다 효율적이었다.

아울러 성취감도 늘어난다. 억지로 누군가 시켜서 움직일 때보다 자유의지에 따랐을 때 더 많은 보람을 사람들은 느끼게 된다. 이는 자명한 사실이다. 인간을 포함한 모든 생명체는 자유로움에 근거해 태어나고 살아가기 때문이다.

교차로에 신호등이 없으면 차들이 마음대로 다니다 무질서하게 엉킨다고 생각한다. 그래서 국가는 신호등을 세운다. 그런데 신호등이 비효율적인 경우가 적지 않다. 직진 차량은 길게 늘어서 있는데 좌회전 신호가 지속되면서 오가는 차량 없이 대기 차량만 늘어난다.

시골에 가면 그래서 원형 교차로가 있다. 여기엔 신호등이 없다. 먼저 진입하는 차가 우선 빠져나간다. 물이 흐르듯 차량이 흘러간다. 많은 쪽은 더 가고, 적은 쪽은 적게 간다. 먼저 진입한 차량 우선이란 원칙을 지키고 약간의 배려심만 갖추면 아귀다툼을 벌이다 엉키는 경우는 없다. 상대에 대한 배려가 나에게도 이득이 됨을 이해한다.

원형 교차로가 더 효율적인 이유는 자연스럽기 때문이다. 억지로 꾸미거나 틀에 가두려 하지 않는다. 네모난 것은 네모난 대로 세모난 것은 세모난 대로 두고 가능하면 원래 형태에 맞는 쓰임을 찾는다. 세모를 네모로 만들기 위해 억지를 부리지 않는다. 아울러 있는 그대로 흘러가게 둔다. 인위적으로 조작할 때보다 꽉 찬 형태로 움직인다. 그 안에서 효율이 등장한다.

사회주의 국가인 베트남은 스쿠터 천국이다. 출퇴근 시간만 되면 오토바이가 길에 쏟아지고 경적이 시끄럽다. 상당히 무질서해 보이는 상황이 연출된다. 관광객 눈에는 당장이라도 큰 사고가 나는 게 아닌지 걱정되고 끊임없이 이어지는 오토바이 탓에 파란

불에도 건너기 두렵다. 신호가 파란불이어도 무시하고 달리기 때문이다.

그런데 자세히 보면 그 안에 질서가 있다. 파란 신호는 무시해도 그들만의 자율적 질서를 바탕으로 움직인다. 사람이 건너가면 바위를 만난 물처럼 스쿠터들이 돌아 움직인다. 돌면서도 신기하게도 옆 스쿠터와 충돌하는 일이 없다. 오토바이 숫자에 비해 지극히 좁은 길을 자율적 질서를 바탕으로 효과적으로 사용한다. 그 안에 사회주의적 국가 통제는 전혀 없다.

자유가 더 효율적인 이유는 감시가 필요 없는 탓이기도 하다. 이에 따른 비용이 줄어든다. 문제는 감시가 없으면 남을 속이거나 일을 게으르게 처리할 가능성이 크다는 점이다. 이를 넘어설 필요가 있다. 그럴 경우 더 많은 자유가 주어지면서도 사회 역시 보다 효율적으로 작동할 수 있다.

외주로 번역을 맡길 때 대체로 페이지당 비용을 책정한다. 감시가 어려운 상황에서 가장 간단한 방법이자 손쉽게 측정 가능한 길이기 때문이다. 문제는 일이 어려운 경우도 있고 쉬운 경우도 있다는 점이다. 이런 것까지 고려하기 어렵다. 시작 단계에서 협상할 수 있으나 가격이 결정되면 끝이다. 쉬운 일을 맡으면 땡잡은 것이고, 어려운 일을 맡으면 반대다.

그런데 방법이 있다. 시간당 돈을 받는 방식이다. 일한 시간을 계산해 요금을 청구한다. 어려운 작업은 시간이 더 걸리기에 많이 받고 쉬운 일감은 적게 받을 수 있다. 실제 함께 일했던 분과 이 같은 방식으로 일했는데, 그가 시간을 계산해 보내면 아무런 의심 없이 지불했다.

　신뢰가 있기 때문이다. 얼마의 시간을 일했는지 일일이 감시할 수 없는 상황에서 상대가 정확히 본인이 일했던 시간을 측정해 청구한다는 믿음이 있었다.

제6장

이데올로기가 아닌 실용

정답과 유토피아가 없는 상황에서 인생의 중요 포인트는 각자
의 행복이 아닐까. 행복이 삶의 기준점이 될 필요가 있다.

왕 혹은 국가에 충성하는 삶이 더 높은 가치를 부여받던 시대
가 있었다. 대를 위해 소를 희생하거나 내 몸을 소비할 줄 알아야
했다. 개인 행복을 이야기하는 사람에게 이기주의자라는 낙인을
찍기도 했다. 그 희생이 유토피아를 앞당긴다고 믿었다. 이를 바
탕으로 소수 권력자의 이기적 만족에 보통의 삶이 동원되기도 했
다. 권력자가 안락한 의자를 흔들며 유토피아를 외칠 때 보통사
람은 희생을 감수하기도 했다. 이 같은 굴레에서 벗어나는 게 지
금 우리에게 필요한 자유이자 행복의 길이 될 수 있다.

행복을 삶의 중심에 놓는다는 게 늘 행복한 유토피아적 인생
을 산다는 뜻과 같지는 않다. 그건 불가능하다. 죽고 싶을 정도
로 힘든 날도, 행복한 날도 늘 함께 존재할 수밖에 없다. 대신 행
복한 순간을 소중하게 생각할 필요가 있다. 그 안에서 느끼는 감
정을 정면으로 마주한다. 어려움 안에서도 기쁨을 찾는다. 문득

찾아오는 행복한 순간을 소중하고 중요하게 받아들인다. 이는 곧 미래가 아닌 지금의 삶에 집중하는 것이다.

일주일에 이틀 일하고 나머지는 노는 어부에게 월가의 경영컨설턴트가 찾아가 "당신이 도시에 가서 열심히 일하면 큰돈을 벌 수 있다"고 조언한다. 그러자 농부는 묻는다 "돈을 벌어서 뭐하려고요?" 컨설턴트는 "그럼 바닷가 별장에서 낚시나 하면서 여유롭게 여생을 보낼 수 있습니다"라고 말했다. 그러자 농부는 "제가 지금 그렇게 살고 있는데요"라고 답했다고 한다.

멋진 미래를 꿈꾸며 도시로 나갈 수 있으나 불행이 되지 않도록 해야 한다. 거대한 목표에 눌려 내가 사라지지 않도록 해야 한다. 먼 곳에 더 위대한 행복이 있다는 생각이 꼭 진실이 아님을 알 필요가 있다. 인생을 살아보면 그렇지 않음을 알게 된다. 이것이 곧 행복을 삶의 중심에 놓는 태도라고 할 수 있다.

가왕 조용필은 젊은 시절 〈킬리만자로의 표범〉이란 노래에서 산기슭 하이에나처럼 꿈을 좇는 사람에 관해 이야기했다. 본인 삶이 그랬으리라. 노래에 공감하는 도시의 수많은 하이에나도 마찬가지였다. 그런데 나이가 들자 조용필은 〈이젠 그랬으면 좋겠네〉란 곡을 통해 '소중한 건 그곳이 아닌 당신 가까이에 있다'고 킬리만자로로 떠나는 하이에나들에게 이야기한다. 갔다 와 보니 그랬다는 늙은 하이에나의 고백이다.

행복은 마음속에 있다는 말이 있다. 마음만 먹으면 늘 행복할 수 있다고 말하기도 한다. 꼭 그렇지만은 않다. 늘 행복할 수도 없고, 마음속에 행복이 자랄 수 있는 구석이 없으면 행복은 없다. 더불어 행복은 많은 걸 내려놓을 때 자랄 수 있음이 분명해 보인다. 미래를 향한 폭풍 속에 인생 전부를 던지는 순간 우리는 항해의 끝자락에 도달할 때까지 마음의 여유와 행복을 갖기는 분명 쉽지 않다. 그런 점에서 필요한 것은 만병통치약이 아닌 아픈 곳을 잘 치료하는 일이다. 있는지 없는지 알 수 없는 미래의 유토피아가 아닌 지금 내 문제를 해결하는 게 먼저다.

만병통치약이 있다는 주장에 사람들은 귀가 솔깃해진다. 유토피아에 대한 꿈이다. 예전 황우석 박사는 줄기세포로 모든 병을 고칠 수 있을 뿐 아니라 영생할 수 있다는 이야기를 하면서 국민적인 존경을 받았다. 심지어 교과서에도 실렸다. 모든 유토피아가 그랬듯 몽상이었다. 여전히 만병통치약을 팔고 있는 이들이 있고 넘어가는 사람들도 존재한다. 그러나 우리에게 필요한 의사는 만병통치약을 개발했다는 발명가가 아닌 아픈 사람을 가장 많이 치료해주는 명의다. 코로나는 영생을 약속한 신천지 교주가 아닌 의사가 치료한다.

같은 맥락에서 우리에게 필요한 리더는 세상을 유토피아로 이끌어줄 신적인 존재가 아닌, 사회의 아픈 곳을 짚어내고 해결책을 찾아줄 사람이다. 공동체와 함께 문제를 해결할 수 있는 리더십이 필요하다. 반면 뭐든 다 할 수 있는 입만 슈퍼맨인 리더들에겐 냉정할 필요가 있다. 세계 최고의 대한민국을 만들어 주겠다는 말은 사실 듣기만 좋을 뿐 가능성은 없다. 그들의 달콤한 말은 실망감으로 귀결된다.

정치인의 그랜드 디자인을 실험하는 곳이 국가가 될 때 내 인생이 위험해질 수 있다. 사회주의혁명 등 거대한 실험이 예전엔 가능했으나 현대 국가에서는 문제 해결만으로도 벅찰 수 있다. 모든 게 한 번에 훅하고 망가질 수 있다. 조심스럽게 문제를 하나씩 해결하는 일이 이제 중요하다. 만병통치약에 대한 그 어떤 아쉬움도 버려야 한다.

본인이 즐기는 게 정답

정답을 정하고 강박에 시달리기보다 가능하면 즐길 필요가 있다. 등산복 대신 추리닝 입은 채 등산에 나섰다고 주눅들 필요가 없다. 내가 즐기면 그만이다. 정답은 없다. 등산복 없이 오르는 사람을 특별한 시선으로 볼 필요도 없다. 등산복을 입어야 하는 게 정답이 아니다. 추리닝 입은 사람이 내 등산을 방해하지도 않는다. 모두 즐겁게 산에 오르면 된다.

공부를 잘하고 좋은 직장에 취직하면 좋다. 그러나 모든 사람이 우등생이 되고 좋은 곳에 취직할 수는 없다. 공부 잘하는 게 정답도 아니다. 아울러 공부 못해도 인생을 살고 삶을 즐길 권리가 있다. 각자의 삶을 주어진 대로 즐기면 된다.

예전 운동선수들을 보면 전쟁을 치르는 병사의 모습으로 훈련과 경기에 임하는 경우가 많았다. 군인 정신으로 무장해 악착같이 노력하고 싸워야 이길 수 있다고 생각했다. 반면 즐기는 것에 대해 거부감이 있었다. 즐긴다고 말하면 논다고 생각했다. 사람들은 주눅 들었고 재미는 반감됐다.

이제 즐기면서 해야 한다고 말한다. 즐기는 사람을 이길 수 없다고도 한다. 이렇듯 즐기기 위해선 너무 타인의 시선과 정답에 신경 쓸 필요가 없다. 테니스를 배울 때, 영어를 공부할 때 내게 맞는 방식이 있다. 그걸 찾으면 된다. 반대로 내 몸에 맞는 방식을 타인에게 강요할 필요도 없다. 나의 정답이 타인에게 꼭 정답일 수는 없다.

보다 자기 생각과 감정에 솔직할 필요도 있다. 혼자 편하게 밥 먹는 게 좋다면 그러면 된다. 꼭 어울려서 먹을 필요가 없다. 세상 평가에 끌려다니거나 다른 사람 생각에 맞출 필요도 없다. 모든 사람이 된장찌개를 먹는다고 김치찌개 먹고 싶은 마음을 접을 필요가 없다. 내가 원하는 걸 주문하고 먹으면 된다. 그래야 밥 먹는 순간을 즐길 수 있다.

산업화 당시 가정을 등한시한 채 열심히 일하는 남편들이 많았다. 목표를 세우고 이를 달성하는 게 사나이의 임무라고 생각했다. 자식 돌볼 틈 없이 일하는 게 자랑이었고, 자식들 잘되게 하기 위함이라고 생각했다.

그 시대를 지나 이제 일과 삶의 균형을 보다 생각하는 시대에 들어섰다. 가족과 함께 하는 시간을 일만큼 소중하게 받아들인다. 남성들에게 육아휴직도 권장하고 있다. 열심히 일할 때도 있고 그 뒤엔 편안한 휴식이 필요하다.

80%에 만족하기

100% 완벽하게 맡은바 소명을 다하겠다는 목표는 좋다. 노력할 필요도 있다. 그러나 결과가 80%라고 자책할 필요는 없다. 핀잔을 주거나 물고 늘어져도 안 된다. 그 정도면 잘했다고 생각해야 한다. 모든 순간 100%를 이루는 건 불가능한 환상이다. 100점을 목표로 해야 간신히 80점정도 할 수 있는 게 인생이다. 신은 그 무엇에게도 완벽을 허락하지 않았다. 아무리 완벽해지려고 노력해도 시간에 쌓인 반작용 에너지가 구멍을 만든다.

그런 점에서 완벽한 사람이 모인 세상 역시 유토피아적 몽상이다. 100점을 맞는 사람이 있으면 낙제도 있다. 100점인 순간이 있으면 때론 50점도 나온다. 낙제가 반대편에 있기에 100점도 존재한다. 어제 100점이었던 사람이 오늘 50점이 될 수도 있다. 삶의 균형점은 중간인 50에 맞춰지도록 보이지 않는 손(반작용)이 움직이는지도 모른다.

100점에 대한 환상은 100점처럼 보이려는 위선을 만든다. 80점인데 20점을 변명으로 채워 100점을 만든다. 80점인 이유를 남 탓으로 돌리기도 한다. 완벽한 척 위선의 가면을 써야 한다.

그렇지 않을 때 부족한 20점이 발목을 잡는다. 누군가 그곳을 물고 늘어진다. 작은 틈을 집요하게 파고든다. 100점이 아닌 탓에 불량품이라고 매도당한다. 80점도 잘했는데, 틀렸다고 비난한다. 박정희가 독재를 했기에 그가 이뤘던 경제 개발의 성과도 의미 없다고 말한다. 박정희를 100점 만점으로 신격화하는 주장도, 잘못을 문제 삼아 불량품으로 매도하는 주장도 본인 뜻에 맞게 사실을 포장하는 정신승리일 뿐이다.

노무현 역시 완벽하지 못했다. 20점 모자란다. 그렇다고 빵점 취급할 필요가 없다. 100점이라고 우길 이유도 없다. 80점으로 인정하면 된다. 잘한 일은 잘한 대로 못 한 일은 못 한 대로 받아들이면 된다. 그래야 상대방을 향해 100점이 아니니까 빵점이라고 삿대질하는 대립에서 벗어날 수 있다. 80점만 해도 잘했다. 완벽한 인간은 세상에 없다.

프로야구팀이 100% 승률을 올릴 수 없다. 80%의 승률을 올리면 무적이라고 말한다. 승률 7할만 되도 최강팀이 된다. 열 번 싸워 두세 번 져도 1등이다. 세 번 싸워 두 번 이기고 한 번 지면 최강이다. 이게 현실이다. 박정희나 노무현이나 그런 점에서 둘 다 훌륭한 대한민국의 대통령이다.

물론 작은 흠도 문제는 문제다. 그걸 지적하는 건 필요하다. 다만 5점정도 깎는 데 사용해야 한다. 문제가 있다고 쓰레기통에 버려서는 안 된다. 자원 낭비다. 사과에 벌레 먹은 홈이 있으면 그 걸 도려내고 먹어도 된다. 먹는 데 아무 지장이 없다.

네거티브가 먹히는 이유도 리더는 언제나 정답이어야 한다는 생각 때문이다. 오류 하나를 찾으면 100점이 아니란 뜻이고, 결국 틀려먹은 사람을 만들어 버릴 수 있다. 따라서 작은 홈을 찾아 공격하는 네거티브가 크나큰 위력을 발휘한다. 꼬리가 몸통을 흔들어 버린다. 한쪽은 집요하게 작은 홈이라도 찾으려고 애쓰고, 다른 쪽은 모든 걸 감추고 또 감추려고 할 수밖에 없다.

언론은 침소봉대를 자주 한다. 작은 홈을 찾아 부풀린 뒤 5점을 깎아야 할 문제로 몸통을 흔들어 버린다. 언론의 무서움이 여기에 있다. 일을 많이 할수록 실수가 생길 가능성이 큰데, 그 순간을 기다리고 있다 잡아 흔드는 예도 있다. 더 잘하라는 채찍의 역할이라면 관계없다. 그러나 쓰레기를 만들어서는 안 된다.

영양은 골고루 섭취해도 생각은 편협하게 하는 경우가 존재한다. 그게 편해서 일수도 있고 앞면과 뒷면을 동시에 볼 수 없는 태생적 한계 때문일 수도 있다. 상추에 삼겹살을 싸 한꺼번에 채소와 고기는 먹을 수 있지만, 피카소가 그린 괴기한 그림을 빼곤 앞뒤를 한꺼번에 보기가 쉽지 않다. 물론 거울을 활용하면 되지만 늘 그럴 수도 없고 눈도 어지럽다. 따라서 보고 있는 쪽의 면이 강하게 인식될 수밖에 없다.

내 자식과 남의 자식이 싸우면 당연히 내 자식 입장에 서게 된다. 맞고 들어오면 때린 놈이 나쁜 놈이고 때리고 들어오면 맞은 놈이 맞을 짓을 했다고 생각하게 된다. 주택 소유자는 부동산 투기 억제 정책에 반감이 크다. 반시장적이라고 비난하게 된다. 그러다 집을 팔고 나면 정부가 집값 안정을 위해 적극 나서야 한다고 말이 바뀐다. 대기업은 정부의 독점 규제를 반시장적이라고 비난하면서도 수출 보조금을 조금 더 지원해달라는 반시장적 발언도 동시에 한다. 이론상 일관성이 부족하지만, 기업 이익이란 점에서 일관적이다. 팔이 안으로 굽는 건 이렇듯 우리 생각이 균형을 잡기 어렵다는 점을 대변한다.

내로남불은 내가 하면 로맨스 남이 하면 불륜이라는 뜻이다. 100% 정답이 없기 때문이다. 보는 각도에 따라 타당성이 모두 존재한다. 유부남의 외도는 분명 보는 시각에 따라 로맨스인 동시에 불륜이다. 잘 되면 내 탓, 안 되면 남을 탓하는 이유도 마찬가지다. 내 탓도 있고 남의 탓도 있다. 둘 다 맞는 말이다. 상황에 따라 강조하는 게 다를 뿐이다.

필요한 일은 어쩌면 균형감 없이 세상을 보고 있음을 인정하는 태도이지 않을까. 있는 그대로 사실을 받아들이고, 부족한 인간임에 깨닫는 것이다. 그럴 때 최소한 공평무사한 시각을 갖고 있다는 착각에서 벗어날 수 있다. 내가 정답이라는 딱딱한 생각에서 벗어나 말랑말랑하게 세상을 볼 수 있다. 넓은 시야를 갖게 되고 생각의 허점을 따져보게 된다.

프랑스 철학자 데카르트는 완벽한 답을 찾기 위해 모든 걸 의심해보는 방법적 회의를 했었다. 더는 의심할 수 없는 걸 찾는다면 그게 완벽한 진리라고 생각했다. 그러나 데카르트가 깨달은 건 그런 게 없다는 사실이다. 생각하고 있다는 사실을 빼곤 모두 의심스러웠다. 물론 장자莊子는 생각하고 있는 자신도 실제 존재하는지 누군가의 꿈에 등장하는 상태는 아닌지 의심스럽다고 말했다. 결국, 정답을 찾기 위한 방법적 회의가 의도와 달리 '정답이 없다'는 정반대 결과를 만들었다. 그게 사실이기 때문이다. 물론 데카르트는 정답의 길을 개척한 이성 철학의 창시자로 간주된다. 플라톤이 그랬듯이 누군가 이 같은 방식으로 미래에는 정답을 찾을 수 있다고 여지를 남겨 두었기 때문이다.

방법적 회의는 정답을 찾는 데 성공적이지 못했지만 사고의 균형감을 위한 수단으로써 무척 훌륭한 방식일 수 있다. 혹시 내가 못 본건 없는지 뒤집어서 생각해보고, 모두가 옳다고 생각하는 게 정말 옳은지, 놓치고 있는 사실은 없는지 따져보게 된다. 이를 바탕으로 착각과 실수를 줄일 수 있다. 미처 보지 못한 걸 발견함으로써 오류에 빠질 가능성도 작아진다.

대립물의 반대편에서 생각해봄으로써 균형감을 유지할 수도 있다. 육지에서 바다만 보는 게 아니라 바다에서 육지도 본다. 상대방도 이해할 수 있고 내 생각의 허점도 발견된다. 부모와 자식 간에 혹은 부부 사이에서도 상대방의 처지에서 생각할 수 있어야 한다. 자식이 어리다고 무시하거나 생각이 없는 사람으로 취급하면 소통은 쉽지 않다.

그런 점에서 생각의 균형감은 조용히 내 생각을 뒤돌아볼 때 가능하다. 고독 속에서 균형감이 만들어진다. 막혔던 문제가 해결되고 이해 불가하던 상대와 타협할 수 있는 길이 눈에 보인다.

대화와 타협으로 문제 해결

정답이 있다면 긴 대화가 필요 없다. '탁'하면 '억'하고 알아들을 확률이 높다. 그렇지 못해서 대화하게 된다. 그 뒤 상대가 틀렸다고 보고 설득에 나서다 벽에 부딪히는 경우가 허다하다. 설득이 안 되면 끝장 토론을 해서라도 의견을 하나로 모으려 하기도 한다. 의견 통일에 실패하면 갈라서든가 겁박해서라도 하나로 만들려고 할 때도 있다.

민주주의는 대화를 통한 타협이 요구된다. 대화를 통해 이견이 확인되면 그 뒤 설득을 해보고 그게 안 되면 마지막 단계는 타협이다. 타협을 자존심 상하는 일로 받아들일 필요가 없다.

노사협상에서 양측은 본인 조건이 무조건 관철되어야 한다고 생각하는 경우가 있다. 떼쓰거나 버티면 상대가 무릎 꿇고 들어올 것이라고 믿기도 한다. 한 발 뒤로 물러나 타협하면 모두에게 좋을 텐데, 직장폐쇄와 파업이 이어진다. 본인 신념은 고수했겠지만, 현실적인 손해를 본다. 명분에 집착해 실리를 잃어버린다.

세상 모든 일에서 내 욕심을 100% 채우는 건 불가능에 가깝다.

자연은 그걸 누구에게도 허락하지 않는다. 상대가 있기 때문이고 대립물이 가로막는 탓이다. 그것을 인정하고 받아들이는 게 순리를 따르는 길이다.

아울러 타협을 염두에 둔 대화는 창의적인 길을 모색하게 해준다. 타협의 여지를 닫아놓는 경우보다 100%는 아니지만, 양쪽 모두 최대치 만족이 가능한 제3의 길을 찾을 수 있도록 해준다. 집에 강아지를 입양하면 아이들이 이름으로 싸우는 경우가 많다. 각자 원하는 이름이 다르기 때문이다.

한 명은 그레이스라는 우아한 이름을, 다른 아이는 순박한 똘이라는 이름을 원한다. 엄마는 순박한 이름 편이다. 다수결로 하면 당연히 똘이가 이긴다. 그러나 패자는 고통스럽다. 강아지를 미워할 수도 있다. 둘이 피 터지게 싸우면 결론이 날까? 아니다. 각자의 주장에서 물러나 타협할 방법을 찾아야 한다.

타협을 위해 대화를 시작한 아이들은 성을 그레이스로 정하고 이름은 똘이로 한다. 강아지 이름이 그레이스 가문의 똘이가 된다. 아울러 각자 부르고 싶은 대로 부른다. 둘 다 정답이 된다. 자식이 세 명이면 중간 이름까지 끼워 넣을 수 있지 않을까. 여하튼 서로 울고불고 싸우는 일은 피할 수 있다. 아울러 시간이 흐르면서 강아지와 가장 잘 어울리는 하나의 이름으로 자연스럽게 통일된다. 대화와 타협은 상대에 대한 굴복이 아닌 이렇듯 공생을 위한 균형점을 찾는 과정이라고 할 수 있다.

222

정답이 있는 것과 없는 것의 언어

정답이 있는 것과 없는 것의 언어는 다르다. 정답임을 믿으면 설득하게 되고, 없음을 받아들이면 설명하게 된다. 정답임을 믿으면 강요하게 되고 없다고 생각하면 제안하게 된다. 정답이 있다고 믿으면 온화한 시작도 싸움으로 끝나기 쉽고, 없다는 걸 깨달으면 한 번쯤 생각해볼 것을 화두로 던진 뒤 물러선다.

대화하자고 모인 자리에서 직장 상사는 정답이라고 생각한 것을 강요하고 설득하려고 한다. 부하들과 소통이 부족했다고 평가하는 걸 자세히 들어보면 '부하들이 본인 말을 제대로 알아듣지 못했다'면서 자신의 말솜씨를 자책하는 경우도 있다. 소통을 위해 부하들을 회의실로 불러 문제가 뭔지 물어본 뒤 부하 직원이 한마디 하면 30분간 일장 연설을 한다. 직원들이 마지못해 고개를 끄덕이면 훌륭한 소통이었다고 자화자찬한다.

이런 상황을 과연 소통이라고 부를 수 있을까. 부하들이 무슨 생각을 하고 있는지 알지도 못할 뿐만 아니라 알고 있다고 하더라도 그들의 생각이 잘못됐다고 확신한다. 뭘 잘 못 알고 있는지 알려줘야 한다는 생각만으로 머릿속이 가득하다. 그리고 그게 소통이라고 생각한다. 더욱 잘 설명하거나 상대가 잘 이해했으면 문제가 없을 것이란 게 결론이다. 상대가 내 정답을 받아들여야 한다고 믿는다. 문제가 해결되지 않고 제자리다.

가끔 우리는 벽과 대화한다는 느낌을 받을 때가 있다. 본인 생각이 정답이라는 확신이 너무 강하기 때문이다. 상대 설명을 전혀 듣지 않고 말을 끊는다. 그런 경우엔 대화를 피하는 게 더 좋은 방법이 될 수도 있다. 대화가 오히려 감정을 상하게 만들고 돌이킬 수 없는 강을 서로 건너도록 한다. 각자가 원하는 대로 생각하고 살도록 두어야 한다.

중계방송 중 꼭 '제 생각은 그렇지만 정답은 없다고 생각한다'로 마무리하는 해설자가 있었다. 정답에서 벗어난 선수들의 방식에 대해 비판하기보다 '독특한 시도'라고 평가한다. 개인적으로 듣기에 참 좋았다. 해설자가 딱 떨어지는 맛이 없다고 누군가는 아마 비판을 했을 수도 있다.

반대의 경우도 있다. 예전 해설자들이 심했다. 자기가 알고 있는 게 정답이라고 말하면서 선수들의 행동에 대해 계속 지적한다. 한 번의 실수를 물고 늘어지는 예도 있었다.

정답에 대한 자기 확신이 강하면 분명 확장성이 떨어진다. 새로운 시도를 할 이유가 없기 때문이다. 정답에서 벗어난 건 지적받아야 할 일일 뿐 새로운 도전으로 생각되지 않는다.

정답이 없는 상황에서 보편적 진리나 윤리가 삶의 완벽한 기준이 되기는 힘들다. 하나님의 계시나 뛰어난 철학자가 간파했다는 세상의 진리도 보편적 기준이 될 수 없다. 합의된 원칙이 기준점이다.

예컨대 남의 물건을 훔치면 안 된다는 규범은 우리가 합의한 규칙이다. 정답은 아니다. 정답으로 가정했을 때 예외가 충분히 제기된다. 홍길동이 양반 물건을 훔친 도둑질에 대해 사람들은 박수를 보낸다. 도둑질이 오히려 더 박수받는 상황도 이렇듯 분명 존재한다.

그러나 우리는 원활한 사회생활을 위해 규칙을 정한다. 억울한 경우에도 악법도 법이기에 규칙을 적용받아 처벌을 감수해야 한다. 빵을 훔친 장발장은 인간적인 동정을 받을 수는 있으나 법적 처벌은 면하기 어렵다. 정답은 아니지만 규칙이 지켜질 때 모든 사람이 원활하게 생활할 수 있기 때문이다.

흔히 말하는 상식은 이렇듯 합의된 원칙의 일종이라고 할 수 있다. 법과 제도 역시 다수결이라는 원칙에 따라 의회에서 합의한 규칙이다. 운동경기처럼 경쟁이 필요한 곳에서도 우리는 필요한 규칙을 정하고 그 바탕 위에서 협동도 하고 경쟁도 한다. 인간이 택할 수 있는 최선의 길이다.

아울러 합의된 원칙이 동등하게 적용되는 게 공정이고, 고무줄처럼 늘리고 줄이는 게 반칙이고 특권이다. 이걸 잘 지키는 곳이 공정한 사회일 것이다. 본인들이 필요할 때는 원칙을 지키라고 주장하고, 본인이 넘나들어야 할 때는 융통성을 주장해서는 공정성이 확보되지 않는다. 공정함이 유지될 때 인간은 자신의 노력에 대한 희망을 품을 수 있다.

물론 필요한 경우 합의에 따라 원칙을 변경할 수 있어야 한다. 변화된 상황에 고리타분한 원칙을 적용할 경우 현실 적응이 어려울 수 있기 때문이다. 물론 원칙 변화에 대한 사회적 합의가 필요하다.

변화된 대한민국이 새롭게 합의해야 할 원칙 가운데 하나가 호칭과 존칭이 아닐까 싶다. 예의를 중시했던 성리학적 전통의 농경사회에서 정해진 룰인데, 21세기가 되면서 꼬여가고 있다.

호칭은 씨로 통일하는 한편 존칭을 없애는 게 어떠냐는 제안을 사람들에게 했던 적이 있다. 받아들여야 한다면 서른 살 어린 친구들이 반말하는 상황도 수용할 수 있어야 한다고 생각했다. 사실 우리나라를 빼곤 대부분 당연하게 받아들이는 문화다. 그러나 반대가 많았다. 반면 상호 존칭에 대해서는 긍정하는 분들이 꽤 있었다. 이후 가능하면 나이에 상관없이 존칭을 사용하려고 한다.

정권이 바뀔 때마다 대학 입시 제도가 바뀐다. 사실 어떤 입시 제도도 완벽할 수 없다. 새로운 정권은 문제를 지적하면서 완벽한 제도를 만들겠다고 수정에 나선다. 그러나 여전히 문제가 있다. 더욱 완벽한 제도를 찾겠다면서 매번 제도를 뜯어고치지만, 매번 문제가 생긴다. 완벽한 제도는 불가능함을 인정한 가운데 최선의 제도에 합의하는 게 보다 현실적인 길이 될 수 있다.

변화에 적응하기

인류 역사의 지속은 유토피아 완성으로 이뤄지지 않는다. 공산주의나 하나님 나라가 만들어졌을 때도 분명 아니다. 변화하는 상황에 끊임없이 적응할 때 가능해진다. 정답이나 유토피아가 없는 상황에서 생존은 변할 때 보장된다.

정답은 없고 존재하는 것은 변화일 뿐이라고 이야기할 때 그 안에 담긴 메시지는 변화에 적응하며 살아야 한다는 점이다. 이걸 받아들일 때 자연의 순리를 거스르지 않을 수 있고, 그래야 우리는 버티며 지구에 발붙이고 살 가능성이 커진다.

이전 지구를 지배했던 종은 공룡이다. 그러나 기후 변화에 적응하지 못해 사라졌다. 지금 우리는 온난화가 진행되는 시대를 살고 있다. 해수면 높이가 오르는 등 다양한 변화가 벌어지고 있다. 이에 적응해야 한다.

개인도 마찬가지다. 나를 둘러싼 상황이 끊임없이 변한다. 거기에 적응해야 한다. 잘 나가던 직장에서 해고를 당하기도 하고 승진을 하기도 한다. 사업이 번창하다가도 부도가 나기도 한다. 생활 형편이 예전 같지 않으면 비싼 양주 먹던 습관을 소주로 바꿀 수 있어야 한다. 세계에서 가장 긴 생명을 유지해오고 있는 조직 중 하나가 로마 가톨릭이다. 서기 300년경 공인된 후 지금까지 이어져 오고 있다. 세계에서 유일무이한 전통을 자랑하는 국제 조직이다. 중세를 암흑기로 만들었음에도 불구하고 여전히 세계적인 종교로 남아있다. 시대의 변화와 지역의 특성에 나름대로 적응했기 때문이라고 본다.

지조와 절개가 높게 평가받던 시대가 있었다. 선죽교에서 순교한 정몽주나 두 왕을 섬길 수 없다면서 죽은 사육신이 위인으로 대접받았다. 남편을 따라 순절한 여인이 존경의 대상이었다. 정답의 세계에선 이 같은 평가가 타당성을 가질 수 있다. 정답을 끝까지 지킨 사람들이기 때문이다.

그러나 그들에 대한 숭앙은 변화에 적응하기보다 전통을 고집하는 문화를 만들었다. 지조와 절개를 지키고, 옛것을 버리지 않는 사람들을 숭고하다고 대접했다. 변하는 세상에 적응을 더디게 만들었으며, 구한말 근대화 물결을 배척하는 강력한 힘으로 작용했다.

믿었던 생각에 오류가 발견되면 바꿀 수 있어야 한다. 설사 오류가 없더라도 변화된 상황과 괴리가 있다면 변신을 할 수 있어야 한다. 세상이 빠르게 변하고 정답도 빠르게 변함에 따라 사회적 변신도 빨라져야 할지 모른다.

---- " ----

세상이 뜻대로 안 됨

---- " ----

원하는 대로 세상을 만들 수 있어 보이는 사람들이 있다. 성공한 사람들이 여기에 들어간다. 그래서 우리는 그들에게 사회의 운전을 맡긴다. 뜻한 바를 이뤄내는 힘이 있다고 생각하기 때문이다. 나는 부족하지만 원하는 바를 그들을 통해 이루려고 한다. 꽃가마에 태운다. 그러나 그들에게 실망하는 경우가 대부분이다.

인간 뜻대로 일이 안 되는 가장 큰 이유는 보이지 않는 손 때문이다. 주인을 무척이나 싫어하던 주방장이 있었다. 주방장은 사장이 망하는 꼴을 보고 싶었다. 그래서 설렁탕에 고기를 듬뿍듬뿍 넣었다고 한다. 손해 보는 장사를 하도록 했다. 그런데 반대로 손님이 더 늘어나 오히려 사장님이 돈을 더 벌었다. 이기적 행위는 보이지 않는 손에 의해 이타적 결과를 만들고 이타적 행위는 이기적 결과를 낳는 탓이다. 세상이 주방장 뜻대로 되지 않는다.

나쁜 일을 하면 우리는 양심의 가책이란 걸 느낀다. 양심의 가책은 더는 나쁜 일을 하지 못하도록 하는 이유가 된다. 인류는 그래서 양심에 주목해 왔다. 양심을 잘 키우면 좋은 세상이 될 수

230 ———————— 제2부 동전의 뒷면

있다고 생각했다. 그러나 양심의 가책은 나쁜 일을 하면서 만들어진 불균형을 원래 상태로 옮기려는 자연의 순리일 뿐이다. 인간 마음을 소위 양심만으로 가득 채우는 건 불가능하다. 양심은 나쁜 일이 존재해야 느낄 수 있는 보이지 않는 손에 의해 생성되는 반작용이기 때문이다. 똑똑한 사람이 머릿속으로 구상한 시스템보다 시장에 맡기는 게 더 나은 이유도 여기에 있다. 보이지 않는 손에 근거한 시장이 인간 두뇌보다 우주의 순리에 더 가까운 탓이다. 인간이 어떻게 해볼 수 없는 영역이다.

세상의 질서가 이와 같고 이게 순리라는 영역이다. 이를 통해 신은 우주의 질서를 유지해간다. 왜 그렇게 만들었는지 비난해도 소용없다. 신이 인간에게 대답할 이유가 없다. 독재자에 투쟁하듯이 신에게 덤빌 수도 없다. 물론 여전히 신이 절대 세상을 그렇게 만들지 않았을 것이라고 믿어도 관계는 없다. 다만 증명되지 않는 신의 말씀으로 사람들을 현혹하는 일은 자제할 필요가 있다.

한 가지 분명한 사실은 세상이 뜻대로 되지 않음을 깨달을 때 겸손해진다는 점이다. 보이지 않는 손을 염두에 둠으로써 더 좋은 결과를 만들 수도 있다. 나의 이득을 위해 이타적 행동에 나설 수 있도록 해준다. 이타적 행위가 보이지 않는 손을 움직여 이기적 결과를 만들도록 하기 때문이다. 이런 게 우리가 타고 넘나드는 자연의 순리라고 할 수 있다.

우상을 지나치게 숭배하지 말 것

플라톤의 길은 유토피아를 향한 진리의 길이었으며 인류의 숭고한 여정이었다. 그에 반하는 생각과 주장은 우상숭배였고, 철학자는 진리를 밝혀 우상 숭배에 빠진 몽매한 인류를 구원하는 임무를 부여받았다고 생각됐다. 진리는 곧 빛이고 나머지는 우상이었다.

우상 숭배를 비판했던 플라톤은 그러나 수많은 우상창조의 근거를 마련해줬다. 없는 진리를 있다고 가정했기 때문이다. 진리가 우상이 되었다. 철학자들은 플라톤의 재료를 바탕으로 각각 자신만의 우상을 만들었다. 스스로 진리라고 이야기했으나 결국 우상이었다. 플라톤에 의해 우상이 폄하되었으나, 그가 가장 강력한 우상이 되는 역설에 빠진다. 덕분에 인류는 '나는 진리이고 상대는 우상'이라는 비난과 공격이 난무했던 비극의 강을 건너야 했다.

사실 우상은 사람들의 좌표 값이거나 살아가는 의미이거나 삶의 행복이 될 수 있다. 뛰어나 운동선수는 어린 선수들의 귀감이자 우상이다. 아이돌 연예인은 많은 팬들에게 엔도르핀을 선사하는 기쁨이다. 내가 좋아하는 위대한 종교 지도자 혹은 정치 지도자에 대한 숭배는 삶의 중요한 의미가 되기도 한다. 웅장한 바위는 자연의 '우상'이 된다. 중국에서는 삼국지 관우가 우상으로 숭배되기도 한다.

그런 점에서 우상 숭배는 삶의 일부이고 분명 순기능이 있다. 그래서 인간은 끊임없이 우상을 만든다. 그건 인간이 비이성적이거나 무지몽매해서가 아닌 누군가에 대한 존경심이 경외감으로 발전하면서 만들어지는 것일 수 있다. 그 안에서 편안함을 느끼고, 내가 하지 못하는 걸 이뤄주는 대리만족감을 우상숭배를 통해 느낀다.

따라서 효용가치가 사라지면 냉정하게 우상을 짓밟아 버리기도 한다. 수많은 이들이 박근혜를 우상처럼 떠받들었으나 결국 구렁텅이에 버렸다. 노무현도 마찬가지였다. 영원히 우상일 것 같지만 무참히 버려진다. 상한 과일을 쓰레기통에 처박아 버리듯이 우상도 쓰레기통에 들어간다. 그리고 사람들은 또 다른 우상을 찾아나선다.

우리가 해야 할 일은 우상이나 우상숭배의 문화를 없애기보다 적당히 균형감 있게 우상을 받아들이는 게 최선일지 모른다. 우상과 그의 숭배자는 각각의 효용성을 바탕으로 인연을 맺는 관계로 냉정하게 볼 필요도 있다. 그 적나라함을 감추기 위한 미사여구에 너무 현혹될 필요는 없다. 그런 점에서 실용적으로 이득이 있는 위치까지만 숭배할 필요도 있으며, 이 같은 우상 숭배를 기회주의적이라고 비난할 필요는 없을 듯싶다. 물론 일편단심을 유지하는 이들도 있다. 그 마음은 갸륵함을 담고 있을 수 있다. 그들의 변하지 않음도 충분히 존중받을 가치가 있다고 본다.

다만 문제는 우상에 대한 지나친 집착이다. 그런 게 곧 순리를 벗어나는 일이 될 수 있다. 과한 것은 부족한 것만 못하다는 말이 이 같은 순리를 대변한다. 세상 모든 게 사실 마찬가지다. 공부도 적당히 해야지 너무 과하면 안 하니만 못하다. 그게 곧 인간의 한계다. 더 많이 할수록 더 똑똑한 사람이 된다는 보장이 없다. 오히려 반대다. 외곬수가 되고 본인 생각에 집착하게 될 가능성이 무척 높다. 마찬가지로 더 숭배할수록 우상은 변질되고 무너진다. 그게 우주가 만들어지고 작동되는 순리가 아닐까. 신이 왜 그렇게 만들었는지 하소연해도 아무 소용없다. 신은 누군가의 기도를 듣고 해결해주는 존재가 분명 아니다.

유토피아는 없어도 오아시스는 있다

늘 행복하지 않지만 문득 행복한 순간을 경험한다. 아울러 다가온 행복이 영원하기를 바라지만 사라질 가능성이 백퍼센트에 가깝다. 그렇다고 걷어차 버리거나 영원불멸이 아님에 불행함을 느낄 필요가 없다. 맛난 음식을 먹는 순간 매일 먹을 수 없음에, 하루에 열 번씩 먹을 수 없음에 슬퍼하거나 그 순간의 즐거움을 포기할 필요는 없다. 그 순간을 즐기면 된다. 그게 인생일 것이다.

어쩌면 나만 몰랐을 수 있다. 그래서 나는 사람들이 행복하게 음식을 즐길 때 그것의 허망함에 가슴 아파했던 적이 많았다. 〈쇼생크 탈출〉이란 영화에는 죄수들이 특별하게 얻은 맥주 한 병에 행복해하는 장면이 있다. 그 장면이 기억에 남는 이유는 그들의 행복감을 이해 못했기 때문이었다. 내가 그 자리에 있었다면 갇힌 현실이 더 또렷해져서 울분을 토했을지 모른다. 매일 시원한 맥주를 마실 수 없는 처참함이 그 순간 더 큰 고통을 자극했을 가능성이 높다. 그 고통이 유토피아를 찾아나서는 힘이 되기도 했으나 결국 신기루임을 깨닫는 걸로 마무리 되었고, 오아시스 안에서 행복해지는 법을 배우기 시작했던 것 같다.

부처 역시 고통과 번민에서 '영원히' 벗어나는 길을 찾고자 했던 사람가운데 한 명이었다. 답을 찾기 전까지 참으로 긴 고통의 시간이 존재했을 것이다. 그리고 부처는 결론에 도달했다. 플라톤과는 달랐다. 인간은 고통에서 절대 벗어날 수 없다는 걸 깨닫는 걸로 마무리한다. 얼마나 절망적인가.

그런데 모든 걸 포기하는 순간 앞이 환해지는 걸 느낀다. 고통에서 벗어날 수 없다는 절망을 받아들이는 순간 오히려 앞이 환해진다. '백척간두진일보','내려놓음', '색즉시공 공즉시생', '사즉생' 등의 화두가 같은 맥락일 것이다. 스님들은 그 세계를 해탈로 표현한다. 그것은 유토피아와는 다른 세상이다. 고통 혹은 번민을 처연히 마주함으로써 오히려 무감각해지는 것에 가깝지 않을까 싶다.

그리고 스님들은 해탈을 위해 고통과 번민이 적은 인생길을 택한다. 결혼도 하지 않고 산속으로 들어가 속세의 고통에서 벗어나려 애쓰고, 살생도 금함으로써 삶과 죽음의 번뇌도 내려놓고자 한다. 그런 가운데 수없이 많은 수련을 통해 해탈의 길을 스스로 찾는다.

사실 스님들이 걷는 해탈의 길은 사회생활을 하는 범인들은 따라갈 수 없다. 도량 깊은 해탈 스님의 말씀을 매일 듣는다고 해서 그 반열에 오를 수 있는 것도 아니다. 플라톤이 몽상했듯이 위대한 해탈 스님이 중생을 고통과 번뇌에서 구하는 철인이 될 수도 없다.

그러나 해탈 스님의 도량에는 샘물이 가득할 확률이 높다. 우리는 스스로 해탈에 이를 수는 없어도 힘든 인생길을 걷다 목마르고 어려운 일이 있을 때 물 한 모금을 해탈 스님의 말씀에서 얻을 수 있다. 이런 게 오아시스다. 신부님도 목사님도 마찬가지다. 예수도 다를 바 없다. 예수는 "수고하고 무거운 짐 자들아 다 내게 오라. 내가 너희를 쉬게 하리라"고 말한다. 쉬면서 물 한 모금을 건넬 수 있는 곳. 그곳이 바로 오아시스이리라. 그런 샘물이 필요하다.

예수여도 좋고, 부처여도 좋고 성철스님이어도 좋다. 오아시스가 없다면 거친 사막을 건너기 무척 어렵다. 해탈 스님이 될 수는 없지만 샘물을 만날 수 있어야 한다. 그 샘물이 공부에서 나오는 희열일 수도 있고 먹는 것일 수도 있다. 각자 다를 것이다. 그런데 가능하면 그 샘물이 저렴하고 건강한 것일수록 좋지 않을까 싶다. 그래야 쉽게 마르지 않는다.

특별부록

———

한국의 근대화와 유토피아

근본주의가 만든 문명의 충돌

중국 개방이란 목적 달성을 위해 영국은 1840년 비열한 아편 전쟁을 벌여 승리했다. 참패한 중국은 난징조약을 맺은 뒤 항구를 개방하고 홍콩을 빼앗긴다. 이어 1860년 영불 연합군은 청나라의 수도 베이징을 점령했고, 남하 정책을 펴던 러시아는 연해주 일대를 장악한다. 조선으로서는 세상의 중심처럼 보였던 청나라가 서양 오랑캐에게 무너지는 충격적인 사건이었다. 비록 청나라 역시 오랑캐 여진족이 세운 나라이지만 조선이 숭앙했던 송나라와 명나라의 전통이 뿌리 깊은 곳이었다.

그걸 본 조선은 일본과 다른 길을 걷는다. 서양 열강의 힘에 놀란 일본은 재빨리 개방해 1856년 미국을 필두로 네덜란드, 러시아 영국 등과 통상 조약을 맺고 문호를 연다. 또한, 1868년 메이지유신을 통해 막부시대를 종결하고 본격적인 근대화에 착수해 제국의 발톱을 꿈꾸는 데까지 나아간다.

하지만 조선은 1866년 프랑스군이 강화도에 상륙하는 걸 보자 군사적 대응을 함으로써 병인양요가 벌어졌고, 이항로, 기정진 등

재야 유생들은 의병을 조직해 외세의 침략에 대항하자는 위정척
사운동을 전개한다. 당시 조선은 서양의 십자군 전쟁과 마찬가지
로 이데아를 지키는 성전에 나섰다.

조선은 송과 명의 정통 성리학을 계승해 도덕국가를 완성했다
는 생각이 강했다. 양반들의 근거 없는 자부심은 여기서 출발했
다. 개화를 접한 조선의 반응은 예의범절도 모르는 서양 오랑캐
에 대한 거부감이었다. 문명화는 인심이 사나와지고 물질이 사람
의 혼을 빼가는 사악함이었다. 물질문명의 폐해에 대한 지적은
생각해 볼 부분도 있다. 그러나 합리적 비판이 아닌 선악으로 구
분하는 근본주의적 태도로 표출됐다. 위정척사와 뜻을 같이해 쇄
국 정책을 취했던 홍선대원군은 병인양요와 신미양요에서 각각
프랑스와 미국 함대와 대적하면서 백성들의 지지를 끌어낸다. 이
를 제1차 위정척사운동이라고 부른다.

하지만 개화의 꽃을 본 젊은이와 청나라의 패배를 본 고종은 문
명이 국가의 힘을 얼마나 강하게 만드는지 보았기에 마냥 거부할
수만은 없었다. 동도서기론東道西器論을 바탕으로 청나라의 양무
운동과 비슷한 동양 정신은 유지한 가운데 서양 문명을 받아들이
는 길로 가고 싶어 했다.

홍선대원군의 수렴청정이 끝나고 실권을 회복하자 고종은
1880년 제2차 수신사로 일본을 다녀온 김홍집이 들여온 〈조선책

략〉을 바탕으로 점진적 방식의 개화를 실천하고자 했다. 사실상의 타협안이었으나 전국 재야 유생들은 이마저도 거부한 가운데 들고 일어났다.

제2차 위정척사운동이 불길처럼 타올랐는데, 흥선대원군과 연대해 개화파를 공격하는 반정부 운동으로 발전했다. 그러자 정부는 주도자를 체포해 유배를 보내거나 심지어 처형했다. 제1차 위정척사운동이 서양인과 조선의 직접적 충돌이었다면, 2차는 근대화를 수용하고자 했던 조선인과 그것을 거부한 뿌리 깊은 전통 간의 충돌이었다.

교과서에는 위정척사의 발생 원인으로 시대 흐름에 대한 몰이해와 대원군의 정치적 야심을 꼽고 있다. 근대화를 당연한 수순으로 놓고 평가한 측면이 강하다. 여기서는 조금 다른 각도에서 조망해보고 싶다. 성리학과 근대화라는 양립 불가능한 정답 혹은 유토피아의 충돌이다.

'위정척사衛正斥邪'는 문장 그대로 올바름을 지키고, 사악함을 물리친다는 뜻으로 당시 조선의 정신적 지주였던 성리학은 올바르고 나머지는 전부 사악하다는 근본주의적 사고가 그 안에 담겨 있다. 유토피아를 완성했다고 정신승리를 하고 있던 상태가 당시 조선의 모습이었으며, 그 유토피아에 침범하는 모든 세력은 사악한 존재였다. 북한 인민들이 북조선을 지상낙원이라고 간주하는 양태가 그 당시와 크게 다르지 않다.

이런 맥락에서 위정척사로 대변되는 성리학적 전통과 근대화의 갈등은 문명 충돌이었다. 조선은 성리학적 전통을 제외한 모든 것은 사악하다고 보았다. 성리학만이 진리라고 생각하는 상황에서 다른 이데아가 들어올 틈이 없었다. 아울러 조선은 이 같은 유토피아를 완성했다는 정신승리에 빠져 있었다. 임금도 부모도 모르는 금수의 나라와는 말도 섞어선 안 된다고 생각했다. 조선에 발을 드려놓은 서양의 근대화론 역시 마찬가지다. 서구 문명을 제외한 모든 것은 미개한 존재였고, 개화의 대상이었다. 그들을 개화하는 게 서구 유럽 제국의 임무라고 생각했다. 결국 둘은 공존할 수 없었다.

세 번의 찬스를 놓친 개화

대표적 개화파인 유길준은 "개화는 천사만물千事萬物이 지선극 미至善極美한 지역에 이르는 것"이라고 〈서유견문〉에서 정의한 다. 그에게 개화는 만물이 대단히 선하고 극히 아름다워지는 세 상, 즉 가슴 뛰는 유토피아에 도달하는 일이었다.

또한, 유길준은 문명의 발전은 미개未開-반개半開-개화로 진행 되며, 서양 제국은 개화이고, 조선은 반개 수준이라고 평가했다. 조선이 서양보다 반 발 정도 뒤에 있는 셈이다. 바짝 집중한다면 개화가 어렵지 않다고 생각했다.

신사 유람단紳士遊覽團 등으로 문명을 돌아본 젊은이들의 마음 엔 메이지유신 이후 하루가 다르게 바뀌는 일본을 보면서, 휘황 찬란한 미국과 유럽의 도시를 보면서, 진정한 유토피아에 대한 열망이 마음을 사로잡았다. 토머스 모어Thomas More가 상상 속 섬나 라 유토피아를 머릿속으로 그렸다면 유길준을 포함한 개화파에겐 미국과 유럽이 지상낙원이었다. 갓 쓰고 도포 입은 가운데 뉴욕 과 파리, 런던 거리를 걷던 청년들의 혈관에 피가 끓었고 가슴이

뛰었다. 그들은 이데아를 보고 온 철인이었다.

그러나 성리학의 벽에 부딪히며 쉽게 들판에 개화의 불을 지피지 못했다. 마음이 조급했다. 정상적인 개혁은 힘들다고 판단한 이들이 급기야 쿠데타를 결행한다. 서구 문명에 반대하는 분위기가 한반도에 팽배한 상황에서 1884년 10월 17일 김옥균, 박영효, 홍영식 등은 갑신정변甲申政變을 일으킨다. 청과의 종속관계를 청산하며 자주권 선포와 함께, 전통적 신분제의 폐지 및 영국이나 일본과 비슷한 입헌군주국가로의 발전을 모색했다.

그러나 헌법으로 군주의 권한을 제한한다는 주장에 고종이 반가울 리 없었다. 사대관계를 끊겠다는데 기분 나빴던 늙은 청나라도 병력을 출동시켰다. 성리학에 깊은 뿌리를 박고 있던 조선 유생들도 분노했다. 어디에도 우군이 없었다. 마음만 너무 앞섰던 쿠데타는 3일 만에 실패로 끝났다. 쿠데타 세력은 일본으로 망명한다. 조선은 전통을 지켰다는 자부심으로 가득했으리라.

이제 남은 길은 외부로부터의 변혁뿐이었다. 메이지유신 이후 국력을 키워온 일본이 1894년 청일 전쟁에서 승리한 후 주도권을 잡고 갑오경장을 통해 대대적인 개혁에 나선다. 부패가 만연했던 4서5경四書五經을 중심으로 한 과거를 폐지하는 대신 국어, 한문, 산술, 내국정략, 외국 사정 등 실무를 중심으로 관료를 뽑는 새로운 시험제도를 만든다. 왕은 황제가 됨으로써 청나라에 대한 사대관계를 끊는다. 고종이 좋아하는 개혁이었다.

그러나 일본이 주도한 개혁은 민비를 시해하는 을미사변乙未事變이란 악수를 둔 뒤 단발령을 실시함으로써 다시 한번 위정척사를 불러일으킨다. '신체의 모든 것은 부모로부터 물려받았다'라면서 손톱도 머리도 자르지 않던 당시 엄격한 예치 국가에서 단발령은 조상을 욕보이는 일이었다.

조선의 일본에 대한 극한 혐오감은 이때 시작됐다고 봐야 할 것이다. 이제 일본 역시 위정척사의 대상이 된다. 왜양일체론倭洋一體論 즉, 일본과 양놈은 한통속이라는 생각이 조선을 지배하게 되면서 이는 곧 한일 합방 이후 독립운동과 1945년 일본 제국이 무너진 뒤 친일청산의 정신적 뿌리가 된다. 대한민국의 반일은 식민지배 이전 모욕과 자존심의 상처가 분명 더 깊은 뿌리다.

일본은 당황했고, 그 틈을 타 고종은 1896년 2월 일본의 영향력에서 벗어나 러시아 공사관으로 옮겨가는 아관파천俄館播遷을 단행한다. 그리고 러시아에게 힘을 실어준 뒤 다시 환궁하면서 잠시 조선 정가에는 외부 세력 간 힘의 균형에 따른 간섭의 감소 현상이 발생한다.

그때 고종은 독립협회 창립을 후원한다. 일본을 통해 개화와 문명을 받아들였던 갑신정변 및 갑오개혁과 달리 서재필 박사가 주축이 된 독립협회는 미국 등에서 영향을 받은 사람들로 이뤄졌다. 따라서 일본의 영향력에서 벗어날 기회였다. 아울러 외세가 아닌 자력으로 개화를 할 수 있는 절호의 찬스였다.

당시 내각과 독립협회는 의회 설립을 본격 추진한다. 헌의 6조를 택하면서 종래 유명무실한 중추원을 활용하는 방식으로 한국 역사상 최초의 의회 개설 준비를 성공리에 마친다. 입헌 군주제가 될 기회가 왔다. 신세계를 향한 출발 준비를 끝냈다.

그러나 이는 곧 왕의 권력에 상당한 제약이 따르는 정치 체제다. 고종은 받아들이지 않았다. 수구파들이 들고일어났고, 고종은 기다렸다는 듯이 중추원을 의회가 아닌 정부 자문기관으로 만들어버렸다. 서재필은 중추원 고문직에서 해임되고 미국으로 추방당한다.

만일 이에 대해 지식인이나 민중들이 저항했다면 영국의 명예혁명이나 프랑스혁명과 같은 사단이 벌어지지 않았을까 상상해본다. 그랬다면 근대화는 더 빨랐고 일제 강점이란 치욕도 면할 수 있었을지 모른다. 그러나 계몽사상은 널리 퍼지지 못했고 백성들은 왕을 아버지처럼 따르는 것이 충이고 효라고 생각했다. 고종은 저항 없이 권력을 유지할 수 있었다.

하지만 이는 자신의 무덤을 판 꼴이 됐다. 하나를 포기해 나머지를 지켰던 영국 황실의 지혜가 고종을 포함한 조선 황실에는 없었다. 종이호랑이가 되어가는 상황에서도 아무것도 내놓지 않으려는 욕망만으로 가득했다.

근대화 성공 이후 제국주의자로 변신한 일본은 1905년 차분한 전쟁 준비와 아울러 세계대전의 발발로 유럽 국가들이 정신없는 틈을 타 힘 빠진 조선을 지배한다. 조선 민중은 왕을 포함한 조선의 지배 계급이 앞다퉈 일본 천왕에게 머리를 조아리는 꼴을 보아야 했다.

그러면서 근대화에 대한 열망을 키웠다. 위정척사가 아닌 서양식 근대화가 우리가 가야 할 길임을 뼈저리게 느끼기 시작했다. 60년대 피눈물을 쏟고 밤잠을 설쳐가며 근대화를 완성하고자 했던 힘이 이때부터 축적되고 있던 셈이다. 1945년 광복 이후 누구도 조선 왕의 복귀를 희망하지 않았다. 스스로 내려놓기를 거부했던 조선 왕조는 순리에 따라 강제로 끌려 내려온다.

이래로부터의 유토피아- 동학과 천명사상

　구한말 한반도에서는 성리학과 근대화라는 동서양의 근간이 되는 두 개의 유토피아만이 충돌했던 게 아니었다. 민중들의 유토피아도 있었다. 바로 동학이라는 이름으로 구체화한 천명사상이다. 3개의 유토피아가 대립하면서 합종연횡合從連橫을 했다.

　철종 이후 실권을 장악한 세도가는 매관매직을 당연시했고, 매직을 펼친 지방관들은 탐학貪虐과 가렴주구苛斂誅求를 일삼았다. 관료가 뒷돈을 받고 이권을 허가해주는 문화는 이때 강한 힘을 만들었고 일본 제국주의는 이 같은 인프라를 필요에 따라 잘 활용했다.

　아울러 양반은 세금과 군역 등에서 면제되는 특권을 누렸다. 소처럼 일하는 양민에게만 세금과 부역의 의무가 있었다. 따라서 이런저런 이유로 세금이 더 필요하면 국가는 평민을 쥐어짰다.

　특히 조선 후기로 넘어가면서 춘궁기에 곡식을 빌려주고, 추수 때 되돌려 받는 환곡이라는 무척 선한 정책은 한 가마를 빌리면 다섯 가마를 가을에 갚아야 하는 이자율 500%의 고리대금업으로 전락했다.

따라서 농민들은 토지를 잃거나 버린 뒤 유민이나 화전민으로 살아가는 경우가 늘었다. 공자가 그토록 혐오했던 '정치가 호랑이보다 무서운 시대'가 공·맹이 꿈꾸던 도덕국가를 만들었다고 자부하던 이들의 손에서 탄생했다.

유민이 된 농민은 당연히 분노의 저항을 시작했다. 전국 곳곳에서 민란이 일어나고 화적 때들이 관가를 습격했다. 그런데 비조직적 농민 봉기가 불꽃처럼 타오르기 위해서는 깃발로 사용할 수 있는 이데올로기가 필요했다. 동학이 그 역할을 했다.

동학의 창시자 최제우는 농민들에게 비참서로 알려진 정감록 등에서 예언한 진인이 본인이라고 주장했다. 농민들은 진인眞人이 등장해 백성을 구원해 주기를 고대했는데, 그 마음을 파고든 것이다. 교주 최제우는 본인이 득도하기 전까지의 시대를 '개벽 후 5만 년' 시대라고 하고, 이 시대는 진리로부터 이탈하여 사람들이 멋대로 행동하는 모순이 가득한 세상이라고 비판했다. 동시에 그와 대비되는 새로운 시대인 '다시 개벽' 혹은 '후천개벽'의 시대는 낡은 혼란이 사라지고 새로운 세상이 열리는 시대라고 이야기한다. 아울러 본인이 후천개벽을 주도하기 위해 하늘에서 왔다고 주장했다.

요한계시록에 나온 재림 예수의 논리와 유사하게 펼쳐지는 후천개벽 사상은 피지배계급의 새로운 세상에 대한 열망을 파고들었다. 새로운 유토피아의 꿈을 그 안에서 찾았다. 유토피아의 실현을 위해 농민들은 기꺼이 무기를 들었다. 갑오년인 1894년 급진파로 꼽히던 전봉준이 주도한 2월 고부 민란을 시작으로 반외세를 기치로 한 동학농민혁명이 벌어진다. 황실 내부의 위정척사파와 반외세 공동전선을 만들어 한때 불길처럼 타올랐으나 일본과 청나라 군대가 개입하면서 실패로 끝난다.

동학을 우리는 흔히 유불선의 철학을 결합해 지배 계급과 외세에 저항한 농민운동으로 기억한다. 그런 면이 당연히 있다. 동시에 동양 사회의 오래된 유토피아에 관한 열망과 관련이 깊다. 바로 천명사상天命思想이다.

내용은 간단하다. 어지러운 세상을 구제하고 유토피아를 만들기 위해 하늘의 명을 받고 누군가 땅에 내려온다는 믿음이다. 민중들은 천명을 받은 이가 세상을 구원해 준다고 오랫동안 믿어왔다. 과거 주나라가 은을 무너뜨리며 내세운 명분이기도 했다. 이후 동양 사회에서는 건국할 때마다 밥 먹듯이 등장한다.

지금도 '하늘의 뜻'이 있어야 대통령이 될 수 있다는 말에 거부감이 없다. 천명을 받았기에 대통령 당선인은 대한민국을 유토피아로 이끌어 줄 수 있다는 막연한 희망을 사람들은 갖는다. 당선을 승천으로 표현하기도 하고, 천운이 필요하다는 이야기도 한다. 분명 운의 요소가 작용하지만 하늘과 연관 짓는 건 사실이라기보다 천명사상에 익숙한 탓이다. 동학의 교주 최제우 역시 이 같은 열망에 부응했던 인물이었다.

천명사상에는 새로운 유토피아에 대한 열망이 담겨있다. 어지러운 세상을 구제하기 위해 분명 하늘에서 사람이 내려올 날이 있다는 믿음이다. 그런 점에서 '하나님 아들 예수'나 재림 예수, 최후의 심판 등 기독교 교리와 화학적 조합이 가능하다. 조선말 이후 기독교가 한반도에 쉽게 뿌리내릴 수 있었던 배경에도 이 같은 천명사상이 중요한 역할을 했다고 볼 수 있다. 본인이 재림 예수 혹은 하나님이라고 주장하는 소위 사이비 교주가 설득력을 발휘하는 까닭도 비슷한 맥락이지 않을까 싶다.

지금까지 천명을 받고 내려왔다는 수천만 명의 사람이 동양에 존재했다. 그들은 각기 하늘의 뜻을 이야기했고 심지어 본인이 하나님이라고 말하는 이들도 있다. 그러나 누구도 유토피아를 만들지 못했고 세상은 여전히 어지럽다. 그래서 여전히 진인이 오기를 간절히 바라는 소망이 마음 안에 존재하기도 한다. 그렇다면 진짜 진인이 올 때 그 기다림이 끝난다고 해야 할까. 아니다. 그런 사람은 없다는 사실을 이해할 때 끝날 수 있다.

여하튼 당시 조선 민중은 하늘에서 천명을 받고 내려온 구원자가 조선의 지배 계급과 외세를 몰아내고 조선 땅에 좋은 나라를 만들어 주기 바라는 마음이 간절했고 동학은 이를 대변했다.

" 1945년 8월 15일, 조선의 몰락 "

철종 이후 세도정치에 의해 그리고 고종 이후 외척과 외세에 안주하며 유지되던 왕권은 1945년 8월 15일 믿었던 일본이 몰락하면서 무너진다. 역사에서 조선이 사라지고, 왕이 아닌 헌법에 근거한 공화국이 수립됐다. 여기서 잠깐 고개를 갸웃거릴 수 있다. 조선은 1910년 한일 합방이 되면서 사라진 게 아닌가?

사실 우리의 역사 기술은 1910년 한일 합방과 함께 순종이 황제에서 폐위된 뒤 황실이 사라지는 방식을 택하고 있다. 고종과 순종 황제를 중심으로 한 기술이 이어지다 일제 강점기로 넘어가면서 장면이 확 바뀌어 황제는 없어지고 일본의 핍박과 국민의 저항이 이야기 중심이 된다. 창경궁이 동물원으로 전락했다는 등의 단편적인 사실들만 등장하는데, 이를 바탕으로 조선 왕족이 일본 핍박에 말라죽었고, 그랬기에 1945년 해방된 뒤에도 회복되지 못했을 것이라는 잠정적 결론에 사람들은 도달하게 된다. 그러면서 자연스럽게 역사 구분을 조선 – 일제 강점기 – 대한민국으로 놓게 된다.

인류의 희망 그는 왜? 변했을까

그런데 1910년 단행된 '한일 합방'이란 결과적으로 조선의 '황제'가 '왕'으로 강등되면서, 일본 천왕과 대등한 관계에서 아들 혹은 가족의 위치로 격하됨을 뜻했다. 두 왕족의 호적을 합친 뒤 일본 천왕이 가장이 됨으로써 조선 반도에 대한 소유권을 주장할 수 있게 됐다.

아울러 천왕의 아들 정도 위치에 해당하는 가족이 되면서 조선 왕은 일본인들도 마음대로 하지 못하는 지위에 올라선다. 실권이 없다는 점을 빼곤 그들에겐 크게 불편할 게 없던 시대가 우리가 말하는 일제 강점기였다. 순조 때부터 시작된 세도정치로 왕이 오랜 시절 허수아비였는데, 그때와 비교했을 때와 왕 입장에선 별 차이 없지 않았을까.

아울러 실권은 없지만 왕이 갖는 상징성은 컸다. 심지어 오늘날의 유명 연예인이나 영국의 황태자들처럼 궁에 살던 잘생긴 의친왕의 일거수일투족은 조선 여성의 주요 관심이었다고 한다. 아울러 조선 왕족이 일본 천왕에 충성을 다하는 모습을 보이는 상황에서 조선 민중의 독립을 위한 투쟁은 큰 힘을 받기가 쉽지 않았다. 상당히 안타까운 사실이다.

그러던 조선 왕조는 1945년 8월 15일 일본 천왕이 항복을 선언하면서 몰락의 길로 접어들었다. 일본 천왕은 효용 가치를 상실한 조선 왕들을 즉시 호적에서 파버렸다. 갈 곳을 잃은 영친왕은 귀국하고자 했고, 그를 앞세워 왕정복고를 시도하는 세력도 있었으나 조선 민중은 격렬하게 반대했다. 일본의 착취를 경험한 민중은 조선 왕의 지배를 받아야 할 이유가 없었다. 민주주의 확산을 선호했던 미 군정 역시 같은 결론을 내린다.

그런 점에서 1945년 8월 15일은 일본 제국주의와 더불어 그에 기생해 연명하던 조선으로부터 한반도가 해방된 날이라고 할 수 있다. 즉 1945년 8월 15일은 일본 제국주의로부터 광복한 날이기도 하지만, 동시에 전제군주국 조선이 일본 제국주의의 호흡기에 의존해 버티던 마지막 생명을 끝낸 날이기도 하다.

그런 점에서 소위 일제 강점기는 조선 역사의 일부이며, 조선의 몰락은 을사늑약乙巳勒約이 체결되던 1905년이 아닌 1945년 8월 15일로 봐야 한다는 게 나의 개인적 생각이다. 물론 내 생각일 뿐이다. 이후 북한에는 김씨 조선이 들어섰으며, 남한은 미 군정 3년을 거쳐 민주 공화국이 수립된다. 한반도에 한 번도 없었던 '왕이 없는' 새로운 역사가 시작되는 동시에, 피기도 전에 시들었던 근대화의 유토피아가 다시 살아난다.

———— " ————

조선 청산과 근대화의 시작

———— " ————

1945년을 조선 몰락의 시점으로 보면 다른 각도의 세상이 눈에 들어온다. 우리가 해결해야 할 문제의 뿌리도 달라진다.

일제 강점기를 독립된 역사로 구분하는 프레임은 모든 문제를 일본 제국주의에 돌리면서 조선 왕조와 당시 지배 계급이 마치 피해자인 것 같은 착각을 만든다. 권력 유지에만 관심이 있었던 민비 즉 명성황후가 일본 야쿠자 칼에 죽었다는 이유만으로 안중근과 같은 독립투사처럼 인식되기도 했다. 일본에서 호의호식하던 덕혜 옹주가 독립운동을 했던 것처럼 미화되는 토양도 만들었다. 아울러 관심의 초점이 친일청산이나 일본의 만행으로만 모아진다.

반면 1945년을 조선이 사라진 날로 본다면 관심의 초점은 조선과의 단절이 된다. 5000년 왕의 나라였던 한반도가 헌법이 지배하는 민주 공화국으로 변화되는 전혀 새로운 시대적 과정이 부각된다. 고종을 비롯한 지배 계급에 의해 좌절됐던 정치 사회적 근대화가 다시 출발선에 놓였다는 점이 눈에 들어온다. 성리학의 유토피아가 근대화의 유토피아로 대체되는 과정에 포커스를 맞출 수 있다. 외부적 충격으로 시작됐으나 본격적으로 민주주의 혁명이 출발한 셈이다. 정부 형태도 영국, 일본 같은 입헌 군주제가 아닌 왕이 사라진 대통령제였다.

그런 점에서 21세기를 살아가는 우리는 조선이란 나라와 정치 체제로만 본다면 아무 상관없다. 헌법에 대한민국이 상하이 임시 정부를 계승한다는 말은 있어도 조선을 계승한다는 말은 없다. 너무나 당연하다. 상하이 임시 정부가 수립될 당시 조선 왕은 일본 천왕의 가족이었고, 그런 점에서 적대적 관계에 있었다고도 할 수 있다.

새로운 프레임은 일본 만행을 미화하거나 무시하고자 함은 아니다. 일본은 그들대로 비판받고 사죄해야 한다. 그러나 일본의 강박에서 동시에 벗어날 필요가 있다. 그들이 우리 역사에 개입은 했으나 좌지우지하지 못했다. 사실 무엇 하나 크게 바꾸지 못했다. 길게 보면 우리는 우리의 길을 걸었다. 칭기즈 칸이 지배하던 고려 말을 원나라 강점기로 부르지 않는 것과 같은 시각으로 조선말을 볼 필요가 있다.

이 같은 시각에서 보면 1945년 이후의 역사는 성리학적 유토피아에서 벗어나 근대화라는 새로운 유토피아를 만들어 가는 과정이었다. 실학에서 갑신정변, 그리고 동학농민운동에 이르기까지 끊임없이 요구됐던 조선의 개혁 문제가, 일본의 강점에 의해 중단됐던 근대화가 본격적으로 실마리를 풀어가기 시작한다. 억눌렸던 근대화의 열망도 폭발한다. 그 안에서 과연 우리는 어떤 유토피아를 꿈꿨고 또 만들었는지 볼 필요가 있다. 아울러 여전히 어떤 유토피아에 대한 꿈이 생존해 있는지도 봐야 한다.

이를 바탕으로 현대사를 다른 각도에서 볼 수 있다. 뒤에서 좀 더 자세히 보겠지만 예컨대 이승만 독재의 문제는 친일했던 이들을 등용했다는 점보다는 그가 민주 공화국이란 헌법적 선언에도 불구하고 '왕'처럼 생각하고 행동했다는 점이다. 조선과의 단절이 이뤄지는 과정에서 과거 조선 시대 왕과 같은 권력과 영화를 꿈꿨다는 사실이 더 중요해진다.

이승만, 입헌 군주의 등장

일본이 항복하면서 그에 기생하던 전제군주국 조선은 사라지고, 소련과 미국에 의해 3년간 신탁통치가 이뤄진다. 이후 북한은 인민민주주의라는 형식을 갖추지만, 왕의 성이 김씨로 바뀐 부자 세습 왕조가 만들어진다. 반면 남한은 헌법 지배를 받는 미국식 대통령제의 민주 공화국이 수립됐다. 그리고 1948년 선거에서 이승만이 첫 대통령으로 선출된다.

이승만은 형식상 민주 공화정의 대통령이었으나 내용상 조선 시대 임금과 같은 국부였다. 조선 민중도 대통령을 왕이자 나라의 아버지 같은 존재라고 생각했다. 사실 이 같은 인식은 21세기 초반까지 완전히 사라진 상태가 아니다. 2016년 실시된 한 여론 조사에 따르면 여전히 국민의 절반가량이 대통령을 왕으로 인식한다. 이 같은 생각의 문화적 뿌리는 당연히 조선 시대다.

이승만의 생일은 국가 기념일로 지정됐고, 지시사항은 왕이 쓰던 하교란 용어를 그대로 사용했다. 미국의 관리들은 그를 '왕당파'라고 불렀다. 왕당파는 유럽의 민주주의 혁명 과정에서 봉건

시대 혹은 절대 군주의 구체제를 복원하려던 반동 세력이었다. 사실 무늬만 선거로 선출된 대통령이지 왕과 다름없는 이들이 전 세계에 아직 존재한다. 러시아 푸틴이 대표적일 것이다. 당시 이승만이 그랬다.

민주 공화국의 대통령이었으나 이승만은 조선의 왕과 동급으로 취급됐다. 전주 이씨라는 그의 혈통도 중요한 역할을 했다. 따라서 헌법과 의회 그리고 사법부는 대통령의 힘을 제어하지 못했다. 심지어 이승만은 초반 당에 소속되지 않았다. 임금이 붕당의 일원이 될 수 없다는 게 이유였다. 국민도 그래야 한다고 생각했다. 헌법은 있으나 임금에 가까웠다.

이후 이승만은 입맛에 맞게 마음대로 헌법을 바꿨다. 1951년 임기를 1년 남긴 그는 연임이 힘들다는 걸 깨닫고 계엄 선포와 일부 의원을 연금한 가운데 개헌안을 통과시키는 부산정치파동을 일으킨다. 1954년에는 3선 개헌을 위해 그 유명한 4사5입 파동을 벌인다.

정적도 쥐도 새도 모르게 암살했다. 민족 지도자 김구 선생뿐만 아니라 한강 변 30만 인파로 위협적인 세를 보였던 신익희는 대선 직전 급서했고, 야당 대통령 후보 조병옥도 갑자기 병사했다. 또 216만 표의 위협적인 득표를 보였던 조봉암은 대선 후 사형을 당했다.

조선 시대부터 이어진 관료 부패도 그대로 존재했다. 일제 강점기보다 더 심해졌다고 해야 할까. 대표적인 사건이 국민방위군 몰살이다. 1950년 말 정부는 제2국민역에 해당하는 17세 이상 40세 미만의 남성 50만 명을 중공군 개입으로 불리해진 전세를 타개하기 위해 긴급 징병했다.

그런데 추운 겨울 1.4 후퇴 과정에서 추위와 굶주림에 시달리다 9만 명이 목숨을 잃었다. 황당한 것은 국민방위군 간부들이 거액의 금액을 착복하고 5만 2천 섬의 양곡을 부정으로 처분했다는 사실이 드러났다는 점이다. 관료의 부패로 전쟁에 참여한 평민들이 굶어 죽었다. 조선 시대나 있을 법한 일이 민주 공화국에서 버젓이 발생했다.

참다못한 백성들이 임금을 향해 반역의 깃발을 올린다. 바로 4·19 혁명이었다. 4·19 혁명은 조선 시대부터 이어진 지배층의 부패와 특권에 대한 분노가 담겨있었다. 이승만을 임금으로 생각한 국민은 그가 성군이 아니란 사실에 분노했다. 근대화의 유토피아를 꿈꾼 시민들은 이승만이 더는 그 일을 담당할 수 없다고 판단했다. 맹자가 말한 역성혁명을 일으켰다. 1960년 4월 19일 시작된 혁명은 성공을 거두었고, 이승만은 권력을 남용할수록 반작용 에너지 역시 커짐을 증명한 가운데 같은 달 26일 권좌에서 쫓겨난다.

제1공화국은 이승만 개인이 아닌 새로운 국가의 탄생, 민주 공화국이 첫발을 내디뎠다는 점에서 역사적 의미가 있다. 그 과정에서 미국과 연결되어 있던 이승만은 초반 분명 중요한 역할을 했다. 아울러 임시정부 초대 대통령으로서 독립운동에도 이바지한 공이 크다는 점은 분명하다.

그러나 민주 공화국의 대통령다운 모습은 보이지 못했다. 대한민국으로서는 불행한 일이라고 할 수도 있다. 그러나 첫술에 배부를 수 없는 법이다. 어느 나라도 하루아침에 민주주의를 완성하지 못했다. 새로운 유토피아를 꿈꿀 수 있는 발판을 마련했다는 데 제1공화국의 의의가 있다.

봄처럼 짧았던 민주주의의 경험

이승만이 하야한 뒤 내각 책임제로 개헌 후 실시된 초대 참의원 선거에서 민주당 장면은 233석 가운데 175석을 차지하는 기염을 토하면서 총리가 된다. 이승만과 마찬가지로 장면 역시 미국에서 박사 학위를 받은 해외파다. 당시 조선인에게 미국은 플라톤의 이데아와 같은 곳이다. 이데아에 유학하고 온 이들이 높은 대접을 받을 수밖에 없었다.

그러나 장면은 이승만과는 달리 제대로 보고 온 사람이었다. 장면은 왕이 아닌 민주적 시스템의 정치 리더이고자 했다. 당시 상황에서 오히려 카리스마 있는 모습으로 '철혈재상'이 되는 게 더 쉬웠을 수 있다. 달콤한 유혹도 있었을 것이다. 만일 그랬다면 그는 또 다른 독재자가 되었을지 모른다. 그러나 장면은 고집스럽게 민주 공화국 총리의 모습을 견지했다. 비록 짧은 임기로 마감했으나 대한민국을 바꾸는 보이지 않는 힘이 됐다.

사실 민주주의에서 대통령이나 내각 책임제의 총리는 특별한 직업을, 특정 기간 갖게 되는 비정규직 근로자 가운데 한 명이라고도 할 수 있다. 임기로 불리는 계약 기간이 끝나면 다시 원래 자리로 돌아가야 한다. 헌법이 모든 기준을 정하는 상황에서 평생 왕 노릇을 할 필요가 없다.

그는 이 같은 민주 시스템의 총리 모습을 견지했다. 찾아오는 손님이 학생이든 노인이든 함부로 대하지 않았고 아랫사람에게도 늘 진지하게 인격적으로 대했다. 집권 9개월간 고급 승용차를 타고 앞뒤에 호위하는 차량을 대동한 행차는 겨우 몇 차례에 불과했고, 대부분 지프차를 타고 일반 차량과 같은 신호를 받았다. 권위주의적인 각하 호칭을 사용하지 못하게 해 측근은 물론 관리들까지도 박사님이라고 부르곤 했다고 한다. 또한, 그의 집무실은 화려한 위엄을 갖춘 빌딩이 아닌 호텔 방이었다. 이승만과 달리 장면은 민주주의에 대해 정확히 이해하고 또 스스로 실천하려고 했다.

더불어 경찰과 군대 검찰과 정보기관을 장악한 뒤 입법 사법 행정에 막강한 힘을 휘두르지도 않았다. 그랬다면 5·16 쿠데타도 발생하지 않았을 가능성이 크다. 그는 민주적인 시스템으로 국가를 운영하고 싶었다.

그 같은 장면 총리에 대해 사람들은 나약하다고 평가했다. 각종 이해와 요구를 단칼에 제압하지 못하고 혼란을 자초했다고 비판했다. 하지만 대화와 타협을 통해 정치를 풀어야 하는 민주주의에서 그가 보인 모습은 나약함이 아니라 시스템의 기본 원칙이었다. 반대당 공격에 고개를 숙여야 하고, 나아가 마음껏 자신의 정책을 펼 수도 없는 게 민주주의 다수당 대표가 처해야 하는 현실이다. 장면 총리는 이 같은 민주주의의 원칙을 지켰을 뿐이다.

당시 '장면은 나약했다'는 평가에서 대통령이나 내각제의 총리를 임금으로 생각하는 문화가 권력자들뿐 아니라 일반 서민들에게 숨 쉬고 있었음을 알 수 있다. 국민이 원하는 인물은 민주적 지도자가 아닌 강력한 지도력을 갖추고 있으면서도 백성의 마음을 헤아릴 줄 아는 세종대왕 같은 어진 성군이었다. 하늘에서 인물이 내려와 세상을 잘 다스려 대한민국을 유토피아로 이끌어주기를 바라는 천명의식도 강했다. 프랑스의 나폴레옹 같은 인물을 기다렸는지도 모른다. 장면은 이 같은 열망에 부합하지는 못했다.

반면 박정희의 등장은 이 같은 열망에 부합했다. 박정희는 장면 정권을 무너뜨리고 권력을 장악한다. 이승만 독재에 저항했던 국민은 크게 반대하지 않았다. 강력한 지도력으로 근대화란 유토피아의 실현을 소망하는 마음이 컸다. 장면은 짧지만 강렬하게 민주주의가 무엇인지 보여주고 조용히 물러난다.

박정희 – 근대화의 신앙

군사 혁명 위원회는 1961년 5월 16일 오전 9시 비상계엄을 선포했다. 군을 신뢰하고 국가재건을 위한 혁명과업 진행에 적극 협조 바란다면서 다음 사항을 포고한다.

일체의 옥내외 집회를 금한다.

국내 여행을 불허한다.

야간 통행 금지는 오후 7시부터 다음 날 아침 5시까지 한다.

위반자 및 위법행위자는 법원 영장 없이 체포 구금하고 극형

에 처한다.

박정희를 주축으로 한 쿠데타 세력은 권력을 장악했을 뿐만 아니라 혁신계 정치인 5천여 명을 구금 처벌했다. 그래도 국민은 침묵을 지켰다.

이후 선거를 통해 대통령이 된 그는 경제 성장으로 대변되는 근대화를 일사불란하게 진행했다. 사실 경제 발전 5개년 계획은 최

초에 장면 정권에서 수립됐다고 한다. 다만 박정희는 수입대체 중심의 계획을 훨씬 도전적인 수출 중심으로 바꿨다. 수입을 덜 해 경제의 자주성을 확보하는 방식에서 한발 더 나아가 세계 시장에서 선진국과 싸워 이겨야 한다는 생각을 했다. 그래야 조선 말 근대화의 실패와 식민 지배에 따른 한을 풀 수 있다고 생각했다. 무모한 도전이라고 말하는 이들도 있었으나 그는 하면 된다는 강한 신념으로 추진했다.

경제 개발계획의 실천은 전쟁이고 전투였다. 국가는 기업과 근로자를 군인으로 사고한 가운데 배치하고 지시하고 독려해 대한민국의 근대화에 매진했다. 박정희는 수출제일주의를 표방한 가운데 1964년 1억 달러를 목표로 제시했다. 모두가 불가능하고 생각했다. 그러나 그는 군사작전처럼 일사불란하면서도 과감하게 수출 증대에 매진했다. 아울러 목표를 매년 40%씩 올렸고, 고지 정복을 위해 군대를 밀어붙이듯이 현장을 독려했다.

현장의 보병 역할은 재벌이 맡았다. 산업별 독점을 보장받은 가운데 정부 지시에 따라 빠르게 움직였다. 기업이라기보다 '수출 역군' 혹은 '경제 전쟁의 첨병'이란 칭호가 더 어울렸다. 통금 시간이 지난 시각에 트럭을 몰다 붙잡혀도 "수출품입니다"라고 말하면 경찰도 "수고하십니다"라고 거수경례를 깍듯이 했다고 한다. 이를 바탕으로 한강의 기적이 가능했다.

더불어 박정희는 무척 서민적인 모습도 보였다. 카리스마가 넘치면서도 인자한 군주였다. 경제 성장뿐만 아니라 근로자 권익도 보장했다. 엄격한 근로기준법을 만들고, 근로자의 재산 형성을 위한 재형저축 등 각종 정책을 펼쳤다. 현재 대한민국의 의료보장 시스템 역시 그때 골격이 만들어졌다. 그를 하늘이 내려주신 진인이라고 생각하는 시민들이 늘어났다.

그가 존경받는 역대 대통령 순위에서 상위를 차지하는 이유가 여기에 있다. 개인적 호불호가 갈린다 해도 이 같은 평가는 바뀌지 않을 가능성이 크다. 조선 시대 이후 민중들이 소망했던 성군의 모습을 보이며 근대화의 열망을 실현했기 때문이다.

그러나 성군도 시간이 지나면 변질된다. 반작용 에너지의 현실화다. 권력에 취하기 시작하면서 전혀 다른 모습의 폭군이 된다. 박정희는 임금처럼 생각되는 대통령을 넘어 진짜 임금이 되려고 했다. 역사의 후퇴였고, 반동이었다. 나폴레옹이 황제로 등극하듯이 왕이 되기를 꿈꾸기 시작했다. 이에 반대하는 이들에 대한 폭력이 심해졌고, 야당 대표들을 감금하고 추방하며 심지어 목숨까지 위협했다.

이를 바탕으로 그는 3선 개헌안을 국민 투표에 부쳐 연임에 성공한다. 국민에게 "여러분이 나를 다시 뽑아주면 이 기회가 마지막 정치 연설이 될 것"이라고 호소했다. 당시 유권자들은 그의 업적을 믿고 1971년 4월 27일 7대 대선에서 승리를 안겨줬다. 그러나 마지막이 아니었다.

3선에 성공한 뒤 이번엔 누구에게 묻지도 않고 헌법을 고쳐, 헌법을 지배하는 왕이 되고자 했다. 아울러 계엄 조치를 바탕으로 국민을 탄압하기 시작했고 시민 계급은 격렬하게 저항했다. 그는 결국 이승만의 전철을 밟을 위기에 처한다. 그러자 상황의 악화를 우려하던 최측근 김재규 중앙정보부장이 그를 총으로 쏴 죽이며 독재의 사슬을 끊는다.

미국의 한 기자는 박정희에 대해 "대한민국을 경찰국가로 만들었다는 것에 무척 화가 나지만 그래도 그가 없었다면 오늘의 대한민국도 없었을 것"이라는 말을 했다. 그에 대한 공칠과삼의 평가가 이와 같다고 할 수 있다. 나 역시 같은 평가를 하고 싶다.

한편으로 박정희 시대를 겪으면서 사람들은 근대화, 성군에 대한 열망과 함께 민주적 시스템의 유토피아도 함께 꿈꾸기 시작했다. 민주적 시스템을 잘 운영하는 성군이 필요해졌고, 민주세력의 지도자들에 대한 지지가 증가한다. 그러나 역사는 때론 예상하지 못한 방향으로 흐른다. 박정희 사후 혼란스러운 상황에서 군인이던 전두환이 쿠데타로 정권을 장악한다. 광주 등에서 이에 대한 반대가 심했지만, 쿠데타 세력은 총칼로 이를 짓밟았다.

제6공화국, 헌법 밑으로 대통령 끌어 내리기

쿠데타로 권력을 잡은 전두환은 단임으로 권좌에서 내려오긴 했지만, 의회 해산과 개헌의 권능을 대통령에게 부여하는, 대통령을 위한 헌법을 만들어 놓고 대통령이 됐기에 처음부터 독재였다. 박정희 유신체제가 관성의 법칙처럼 이어졌다. 국민의 저항이 없었다면 말 그대로 전제 군주 같은 권력을 휘두를 수 있었다.

그러나 시민 계급은 경제 성장을 넘어 민주화가 실현되기를 소망하고 있었다. 왕이 아니면서 왕처럼 행세하는 절대 군주에 가까운 대통령을 시민들은 더는 원하지 않았다. 교과서에 나오는 삼권분립, 민주적 선거 등 보편적 민주주의 원칙이 통용되는 나라가 근대화된 선진국이었고 유토피아였다. 전두환의 권력욕은 이 같은 욕망을 폭력으로 누르려 했으나 무너뜨릴 수 없었다.

결국, 전두환은 1987년 국민에게 무릎을 꿇었다. 국민이 요구했던 직선제 개헌을 받아들인다. 6 · 29 선언이었다. 역사적인 사건이었다. 총을 차고 위협하던 권력자를 시민의 힘으로 무너뜨렸다. 조선 왕조 이전부터 있었고 입헌 공화국에서도 이어지던 독재의 사슬이 드디어 끊어졌다. 사람들은 좋은 나라가 됐다고 믿었다. 민주세력이 국가를 운영하면 꿈꾸던 유토피아가 될 수 있다고 생각했다.

그러나 개정된 헌법하에서 실시된 제5공화국 최초의 선거에서 민주 진영의 지도자였던 김대중과 김영삼은 분열했고 전두환의 친구였던 노태우가 대통령에 당선되는 일이 벌어진다. 민주화 투사들이 정치인으로서 갖고 있던 권력욕의 민낯이 드러났다. 그들이 절대 선은 아님이, 그들 역시 하늘에서 내려온 진인이 아닌 사람임이 사실로 드러났다. 민주적 헌법이 만들어졌다고 즉시 유토피아가 되는 게 아님도 알게 됐다.

이후 시작된 제5공화국의 정치판은 여전히 서로 물고 뜯는 싸움터였다. 의회 폭력도 끊이질 않았다. 그러면서 기대는 좌절로 바뀌어 갔다. 민주세력도 탐욕스러운 자들일 뿐 대한민국을 유토피아로 이끌 선구자는 아니라고 생각하는 사람이 늘었다.

그러면서 지식인들은 사회주의에 관해 관심을 두기 시작했다. 민주주의 혁명이 사회주의 혁명으로 발전해야 유토피아가 된다는 생각이 퍼졌다. 민주주의는 잠시 거치는 정거장 정도로 인식하는 이들이 늘었다. 대학에서는 각종 이념동아리가 만들어졌고, 일부는 사회주의 북한 수령을 선망했다. 그러나 그 꿈은 1990년대 초반 노태우 임기가 채 끝나기도 전 동유럽 국가들이 몰락하면서 무너졌다.

그러면서 기존 정치인 대신 새로운 정치인에 관한 관심이 증가했다. 그들이 진인이고 성군이 될 수 있다고 생각했다. 첫발을 끊었던 인물은 현대 그룹의 창업주 정주영이었다. 그의 주변에서는 도참비서 정감록에 나오는 같은 성씨의 정도령이 정주영이라는 이야기도 서슴지 않았다. 동학에 불을 지폈던 진인에 대한 열망이 여전히 사람들 가슴에 남아있음을 알았기 때문이다.

그는 국민당을 창당해 1992년 선거에서 돌풍을 일으켰으나 대통령이 되는 데 실패하고 물러났다. 1997년엔 이인제가 등장해 돌풍을 일으켰으나 역시 대통령이 되는 데에는 실패했다. 그들의 등장은 기존 정치인을 각성시키는 역할을 분명히 했다. 아울러 새로운 인물들이 정치로 뛰어들 수 있는 분위기를 만들었다. 늘 실망스러웠지만 새로운 인물이 끊임없이 등장하면서 여전히 유토피아에 대한 열망, 진인에 대한 꿈은 이어갈 수 있었다.

아울러 이런저런 일들이 벌어지기는 했으나 헌법이 유린당하는 사태가 발생하지는 않았다. 대통령이 전두환에서 노태우 그리고 김영삼으로 바뀌는 걸 보면서 한 번 대통령 됐다고 영원히 권좌에 남아있는 게 아님을 국민은 실감하기 시작했다. 임기가 끝나면 청와대에서 나와 야인으로 돌아가는 신기한 모습도 구경한다. 대통령이 임금이 아님을 몸소 체험했다.

정권 교체와 비정규직 대통령

1997년 대선에서 야당 후보 김대중이 대통령에 당선되며 대
한민국은 정권 교체라는 또 한 번의 획기적 경험을 하게 된다.
1948년 공화국의 수립, 1988년 평화적 권력 이양에 이어 1997
년 드디어 선거를 통한 정권 교체를 경험한다.

권력을 빼앗긴 보수 세력에 의한 쿠데타를 염려하는 이들도 있
었다. 그러나 김대중은 과거에 대한 청산보다 화합을 강조하며
이 같은 분위기를 누그러뜨렸다. 아울러 남북문제 등에서 많은
업적을 남겼고 대한민국 최초로 노벨평화상을 받는 역사적 성과
도 거둔다. 이를 바탕으로 정권 교체라는 전대미문의 변화도 성
공적으로 수행하는 동시에 당시 대한민국을 구렁텅이로 몰아넣었
던 IMF 금융위기도 잘 극복했다.

그러나 동시에 측근들의 권력 비리가 이어지면서 실망하는 국
민도 늘었다. 민주세력이긴 하지만 그들 역시 구시대의 유물이란
평가를 받기 시작했다. 그들에게 유토피아를 기대할 수는 없었다.
새로움에 대한 열망이 차올랐다.

2002년 선거에서는 노무현이 당선된다. 그는 진보세력이면서 민주화 운동을 했고 거기에 과거 정치권과 거리가 있는, 때가 묻지 않은 정치인의 이미지가 강했다. 새로움과 민주주의에 대한 열망을 동시에 담을 수 있었다. 그를 옆에서 돕던 386 정치인들도 마찬가지 평가를 받았다.

국민은 그들을 통해 다시 한번 희망을 품기 시작했다. 이어진 총선에서 여당인 열린우리당에 압승을 선사하면서 입법부 역시 새롭게 만들어 주었다. 새 시대가 될 수 있는 조건이 만들어졌다고 생각했다. 그러나 크게 바뀌는 것은 없었다. 기대가 컸던 만큼 실망은 더 컸다. 무능하고 무력하며 본인들끼리 싸우는 데 몰두하는 여당에 국민은 분노했다.

그런데 노무현이 생각하고 있던 민주주의는 국민의 생각과 다소 달라 보였다. 국민은 가본 적 없는 유토피아를 상상했으나 그에게 민주주의는 대통령이 제왕의 자리에서 내려오는 시스템이었다. 노무현은 과감하게 그동안 당연시되던 대통령 권한을 내려놓는다. 김대중 시절만 해도 대통령은 여당 총재를 하면서 국회를 장악하기도 했고, 검찰과 경찰 등 권력기관을 통해 사법권을 행사했다. 노무현은 스스로 포기했다. 나아가 헌법에 따라 입법부가 대통령을 탄핵할 수 있다는 사실까지 눈으로 보여줬다. 대통령은 유토피아를 만드는 진인이 아닌 5년 임기의 비정규직 공무원임을 실천으로 강조했다.

그러나 이는 국민의 요구와 일부 다른 방향이었다. 국민은 성군의 등장을 갈구했는데, 노무현은 민주주의 원칙을 냉정하게 보여줬다. 예전 장면 총리가 보였던 그 모습이었다. 사람들은 그 모습이 대통령답지 않다고 비난했다. 동네 아저씨처럼 행동하는 태도가 경망스럽다고 힐책했다. 천박한 고졸 대통령이란 비난을 노무현은 감수해야 했다. 그러나 그가 보여준 모습은 민주 국가의 대통령이 앞으로 걸어가야 할 모습이었다. 성인이 되기 위해 사춘기를 지나가듯이 한 번쯤 겪어야 할 열병이었다. 여하튼 그의 모습이 상상 속 진인과 다르다는 걸 깨달은 국민은 보수적 정치인에게 눈길을 돌린다.

또 한 번의 정권 교체

노무현 이후 정권은 보수 세력으로 넘어갔다. 국민이 신선한 인물을 선호한다는 것을 포착한 보수 세력은 이명박, 박근혜라는 기존 정치와 여러 이유에서 거리를 두었던 이들을 전면에 세운다. 특히 둘은 보수 세력으로부터 여전히 존경받고 있던 박정희와 이런저런 인연이 있었다. 이를 바탕으로 어진 임금의 이미지를 만들며 유교적 정서가 강한 보수층을 파고든다.

성공한 기업가 출신인 이명박은 최고경영자(CEO) 대통령을 표방했다. 경제를 크게 성장시킬 것이란 꿈을 사람들에게 주었다. 그가 진인일 수 있다고 유권자들은 생각했다. 앞선 5공화국의 모든 대통령 당선인들보다 훨씬 높은 지지율로 선거에 승리한다.

대한민국 보수 세력은 자유 시장을 이야기하지만, 대통령을 임금처럼 사고하는 왕당파적 경향이 강하다. 따라서 이명박이 당선된 이후 권력은 다시 대통령으로 집중되기 시작했다. 이명박은 박정희가 그랬듯이 국가 최고경영자 대통령을 중심으로 일사불란하게 움직여야 경제도 성장하고 국가 경쟁력도 키울 수 있다고 말하면서 강한 권력을 요구했다. 이명박의 형은 상왕이라는 이야기까지 들었다. 왕과 더불어 상왕도 존재하는 나라가 됐다. 사라지던 조선 시대의 그림자가 다시 등장한다.

그러나 노무현이 줄여놓은 대통령 권한을 늘리는 게 쉽지 않았다. 국민은 이명박의 성공한 경영자적 능력도 필요했지만, 견제와 균형이 사라져도 안 된다고 생각했다. 경제 성장도 중요하지만, 헌법 가치의 훼손 역시 받아들이지 않았다.

그러자 이명박은 권한이 없어서 일을 제대로 못 한다고 투덜거렸다. 거기에 권력기관을 동원해 정적을 제거하려는 시도까지 서슴지 않았다. 전직 대통령에 대한 수사가 대표적이다. 그러나 노무현이 자살하면서 궁지에 몰리는 신세가 됐다.

권력을 수십 년 유지할 수 있다는 착각도 했지 않았나 싶다. 그러나 그 역시 사람들을 상당히 실망하게 한 가운데 권력에서 물러났다. 장밋빛 공약 가운데 제대로 실천한 게 별로 없었다. 끊임없는 내부 권력투쟁으로 정치판을 시끄럽게 만들었다.

이후 사람들은 박근혜라는 공주님의 귀환을 택했다. 대한민국이란 민주 공화국에서 가장 왕 같은 존재였던 박정희의 딸 박근혜는 공주로 인식됐다. 어머니가 일찍 돌아가신 뒤 퍼스트레이디 역할을 오래 했던 그녀가 아버지로부터 국가 운영에 대해 잘 배웠을 것으로 생각됐다. 전두환 쿠데타 이후 폐위된 뒤 인고의 세월을 보내는 동안 내공도 많이 단련했다.

그러나 더 심한 왕당파였다. 보수 세력의 몰락을 재촉했다. 일은 아버지만큼 못했음에도 불구하고 왕 행세를 원했다. 국민은 분노했고 임기를 채우지도 못한 가운데 탄핵을 당하며 불명예 퇴진을 하고 감옥에 들어간다. 박근혜를 통해 대통령은 이제 중대한 잘못이 있을 때 언제든 탄핵당할 수 있는 존재가 되었다.

이후 정권은 다시 한번 진보진영으로 옮겨간다. 거시적으로 볼 때 보수와 진보가 번갈아 정권을 운영함으로써 균형을 맞춰가고 있다. 유토피아를 완성하지는 못했으나 80년대 이후 궁극적으로는 순리에 따라 대립물의 균형을 맞춰 정치가 이뤄진 셈이다.

성리학적 도덕 보편국가를 만들었던 저력으로 대한민국은 근대화의 유토피아를 성공적으로 완수했다. 선진국이라는 말이 어색하지 않은 시대에 들어섰다. 코로나19에 대처하는 각국의 모습을 비교해도 뒤처질 게 없었다. 그러나 모든 유토피아가 그랬듯이 완성되는 순간 원래 상상했던 모습과 다르다는 걸 절감하게 된다. 지금의 대한민국을 유토피아로 자부하는 사람은 드물다.

아울러 진인에 대한 믿음도 조금씩 수그러들고 있다. 5년마다 새로운 대통령을 뽑는 등 다양한 면모의 진인을 경험했던 탓이 크다. 많은 진인이 등장했으나 대한민국을 유토피아로 이끌지는 못했다. 천명을 받고 내려오는 진인이 없다는 사실을 조금씩 수긍해가고 있다. 이 같은 경험이 좌절감으로 이어지기도 한다. 나 역시 유토피아가 없다는 사실에 오랜 시간 방황했다.

그런데 사실 생각하기 나름 아닐까. 어쩌면 지금 우리는 가장 아름다운 유토피아 안에 살고 있는지도 모른다. 과거보다 발전했다고 믿는다면 우리는 역사의 어느 순간보다 가장 아름다운 시간에 살고 있기 때문이다. 실망감이 큰 이유는 화면 속 에펠탑과 현실이 다르다는 사실 때문인지도 모른다. 화면 속 에펠탑은 멋져 보이지만, 직접 보면 실망하는 경우가 많다.

그렇다고 모든 게 환하고 아름다워지는 것은 아니다. 삶은 여전히 어렵고 고통스럽고 때론 즐겁고 행복할 것이다. 영원한 행복의 희망도 불쑥불쑥 상상력을 자극할 것이다. 그 안에서 순리를 이해한 가운데 살아가는 한편, 현재의 풍요가 좀 더 발전된 형태로, 혹은 유지된 상태로 다음 세대에게 전해질 수 있다면 충분하지 않을까 싶다. 그 정도에 감사할 수 있는 태도가 마음의 평화를 가져온다는 사실을 깨닫는다.

물론 여전히 유토피아에 갈 수 있다고 믿는 이들의 생각도 존중한다. 유토피아가 완성되지 않는 이상 이에 대한 꿈 역시 계속 존재할 가능성도 있어 보인다. 열린 마음으로 각자의 생각을 응시한다면 충분히 공존 가능하다고 생각한다.